L. Ginoulhiac

LE GOLDEN RETRIEVER

W0378299

EDITIONS DE VECCHI S.A.
52, rue Montmartre
75002 PARIS

Malgré l'attention portée à la rédaction de cet ouvrage, l'auteur ou son éditeur ne peuvent assumer une quelconque responsabilité du fait des informations proposées (formules, recettes, techniques, etc.) dans le texte.
Il est conseillé, selon les problèmes spécifiques – et souvent uniques – de chaque lecteur, de prendre l'avis de personnes qualifiées pour obtenir les renseignements les plus complets, les plus précis et les plus actuels possible.

Collection dirigée par le professeur L. G. Cavalchini et le docteur C. Pialorsi Falsina.

L. G. Cavalchini est professeur de médecine vétérinaire à l'université de Milan ; il est directeur de l'Institut zootechnique de cette ville et a rédigé de très nombreuses publications scientifiques sur les chiens. Il est juge canin, éleveur et passionné de cynophilie. Il a produit de grands champions internationaux Bergers Bergamasques.
C. Pialorsi Falsina est diplômée de pharmacie. Elle est éleveur depuis 1961 et juge canin. Elle est l'auteur de nombreuses publications reconnues sur les chiens.

Eu couverture : Venus Genetrix of Bryndafydd (propr. Valeriani, photo Timparano) et le chiot Foggy à quatre mois (propr. et photo M. Vanzetti)

Les dessins de l'intérieur ont été réalisés par A. Marengoni

Traduction de Frédéric Delacourt

© 1996 Éditions De Vecchi S.A. – Paris
Imprimé en Espagne

La loi du 11 mars 1957 n'autorisant, aux termes des alinéas 2 et 3 de l'article 41, d'une part, que les « copies ou reproductions strictement réservées à l'usage privé du copiste et non destinées à une utilisation collective » et, d'autre part, que les analyses et les courtes citations dans un but d'exemple et d'illustration, « toute représentation ou reproduction intégrale, ou partielle, faite sans le consentement de l'auteur ou de ses ayants droit ou ayants cause est illicite » (alinéa 1er de l'article 40).
Cette représentation ou reproduction, par quelque procédé que ce soit, constituerait donc une contrefaçon sanctionnée par les articles 425 et suivants du code pénal.

Sommaire

Préface

Depuis quelques années, l'activité cynophile connaît un grand bouleversement : en effet, de plus en plus de gens éprouvent le besoin ou le désir de posséder un chien et notamment un chien de race. Cet animal n'est plus seulement employé dans des tâches précises, mais est souvent considéré à présent comme un véritable ami avec lequel on peut partager ses moments de détente et vivre une expérience différente, dans un rapport étroit entre l'homme et l'animal.

Cette nouvelle collection, « Chiens de race », a ainsi été créée pour satisfaire un nombre toujours croissant de lecteurs. Notre intention est de fournir des informations claires et accessibles au plus grand nombre.

Le Golden Retriever est une des races les plus répandues aux USA, où l'on dénombre environ soixante-cinq mille chiots inscrits chaque année sur le Livre des Origines. Ce chien commence également à se répandre en France, mais son développement reste limité dans d'autres pays européens.

C'est un chien actif, qui entretient de très bons rapports avec l'homme. Il peut être employé pour la chasse mais également comme chien de compagnie.

Le Golden Retriever est un chien bien proportionné, physiquement puissant et agile, recouvert d'un poil élégant dont la teinte dorée présente un beau dégradé. Son expression est douce et son caractère très équilibré.

L'auteur de ce livre, qui est vétérinaire, est également passionnée par les chiens : ainsi, L. Ginoulhiac s'est appuyée sur sa formation scientifique et sur sa propre expérience des Golden pour rédiger cet ouvrage.

Ce livre aborde la race des Golden Retrievers sous tous ses aspects : ses origines et le début de sa diffusion, ses caractéristiques ethniques, morphologiques, ainsi que son comportement. Vous trouverez également des conseils précieux pour élever et soigner le mieux possible votre Golden Retriever.

Certains chapitres traitant des aspects techniques plus généraux viennent compléter ceux qui sont spécifiques à la race des Golden. C'est le cas de « Comment communiquer avec son chien », rédigé par le professeur M. Verga, spécialiste en éthologie et des chapitres sur la reproduction, l'alimentation, la santé et l'hygiène, que j'ai traités en collaboration avec le docteur C. Cristofalo.

Les schémas ont été réalisés par le dessinateur A. Marengoni.

Enfin, l'éditeur remercie particulièrement tous les éleveurs qui ont collaboré à cet ouvrage. Les photographies qu'ils nous ont confiées rendent la lecture de ce livre encore plus agréable.

LE DIRECTEUR DE LA COLLECTION
PROFESSEUR L. G. CAVALCHINI

Introduction

On peut affirmer que le Golden Retriever est une des races les plus connues et les plus répandues au monde, grâce à sa forte présence dans son pays d'origine (la Grande-Bretagne), aux Etats-Unis, ainsi que dans d'autres pays anglo-saxons. En effet, ce chien représente, avec le Labrador Retriever, un pourcentage important de la population canine de race.

En revanche, dans certains pays, comme l'Italie, le Golden Retriever est un chien encore relativement peu connu et peu présent. On pense d'ailleurs souvent qu'il est le résultat d'un croisement.

On constate cependant que le Golden, comme les autres retrievers, gagne du terrain dans les autres pays d'Europe, comme la Scandinavie, les Pays-Bas, la France et la Suisse.

Il est difficile d'expliquer la faible popularité que connaissent ces chiens étonnants dans certains pays. Il s'agit peut-être d'une tradition cynophile différente, qui privilégie les chiens de défense ou de compagnie (comme le très célèbre Berger allemand), ou encore les chiens d'arrêt (comme le Setter anglais), qui se sont répandus beaucoup plus vite que d'autres races présentant des qualités différentes.

Actuellement, toutefois, la demande de Golden Retrievers est en augmentation un peu partout en Europe, grâce notamment à des spots publicitaires. Ces chiens deviennent donc progressivement de plus en plus connus.

Malheureusement, le Golden n'est pas à l'abri des phénomènes de

Dublin Maple du Domaine du Vexin. Prod. M. Vallois, propr. et photo L. Ginoulhiac

mode qui provoquent périodiquement de véritables « boom » sur une race à un moment donné.
Amoureuse de ces chiens, je ne peux que souhaiter un tel phénomène pour le Golden et c'est d'ailleurs pour cette raison que je vais vous décrire les caractéristiques de ce chien. Le risque existe cependant qu'un tel engouement entraîne une arrivée massive de chiens « produits » pour les besoins du marché, sans aucun respect des critères de sélection rigoureux. Cela serait nuisible parce que la présence de pathologies héréditaires ou de tares caractérielles pourraient compromettre, comme cela s'est déjà produit avec d'autres races, le caractère typique du Golden Retriever.
Ce sont les éleveurs qui détiennent une bonne part de responsabilité dans ce domaine, mais il revient également aux acheteurs d'être capables de distinguer un chien de qualité d'un autre et de savoir quelles garanties ils sont en droit d'attendre de ces éleveurs.
Ce n'est qu'ainsi que l'on pourra empêcher la diffusion de Golden à la morphologie ou au caractère atypique, voire de sujets malades.

Origines et histoire

Dès qu'il s'agit d'établir l'origine, aussi bien géographique que génétique, d'une race canine, on est toujours confronté au même phénomène : des informations vraies et prouvées côtoient des légendes, ce qui donne lieu à des théories plus ou moins crédibles. Il est toujours difficile de faire la part des choses et c'est ce qui rend ce sujet si fascinant.

En ce qui concerne les origines du Golden Retriever, on possède des informations assez précises : en effet, son histoire est relativement récente, puisqu'elle se situe en Grande-Bretagne, au cours de la deuxième moitié du siècle dernier.

C'est Sir Dudley Coutts Marjoribanks, membre d'une ancienne famille écossaise, qui a eu l'honneur de commencer la sélection de ces

QUE SIGNIFIE GOLDEN RETRIEVER

« Retriever » est un mot anglais qui signifie littéralement « qui retrouve » ou encore « rapporteur ». Il s'agit de chiens, qui, durant les battues, sont uniquement chargés de rechercher le gibier abattu et de le rapporter au chasseur.

Il existe six races de retrievers, parmi lesquelles le Golden occupe une place de choix.

Le terme « Golden », comme on le sait, signifie « doré ». Ce qualificatif s'applique évidemment à la couleur de sa robe qui présente de nombreuses nuances dorées.

Deux des principales passions des Golden : l'eau et les bâtons. Attention aux otites ! Maple et Panna (photo L. Ginoulhiac)

Sur la page ci-contre, Ch. Lawnwood's Wisteria. Prod. Satterwaite, propr. et photo Pandolfi

chiens. Passionné de sport et d'animaux, il fit l'acquisition, en 1854, à l'âge de trente-cinq ans, d'un domaine de chasse en Ecosse. En 1881, il prit le titre de baron Tweedmouth et devint ainsi le premier Lord Tweedmouth. Dans son domaine, il se consacra avec passion à l'élevage et à la sélection d'animaux appartenant aux espèces les plus diverses : des bovins de race Aberdeen, des chevaux, des poneys.
Il possédait en outre de nombreux chiens : des Pointers, des Deerhounds, des terriers, ainsi que des chiens que sa fille Mary désigne dans son journal sous le nom de « retrievers jaunes ».
Ces derniers avaient été sélectionnés par Lord Tweedmouth, qui les employait aussi bien pour pister une proie que pour la rapporter. La reconstitution de l'origine des premicrs Golden a été possible grâce à la précision de ce gentleman qui, heureusement, a reporté tous les accouplements dans son Livre des Origines personnel.
Ce précieux document est actuellement conservé par le Kennel Club Anglais.
Grâce à ce livre et à quelques notes, tenues comme un inventaire, l'histoire des retrievers jaunes de Guisachan (c'était le nom du domaine de chasse de Lord Tweedmouth) est parvenue jusqu'à nous. Ces notes couvrent une période comprise entre 1864 et 1889, année de naissance des deux derniers chiots jaunes enregistrés. Lord Tweedmouth mourut ensuite, en 1894.

Il semblerait que le premier retriever jaune soit né de deux parents noirs ; c'était le seul exemplaire de cette couleur parmi une portée de chiots noirs au poil ondulé (appelés alors *wavy coated*).

Il fut acheté par Lord Tweedmouth, en 1865, auprès d'un cordonnier de Brighton qui, à son tour, le tenait d'un gardien de Lord Chichester.

Il ne faut cependant pas imaginer que ce chien, nommé « Nous » (qui signifie « sagesse » en gaélique) était d'une très grande rareté. En effet, des documents de l'époque décrivent des retrievers dont les teintes s'éloignent du noir dominant.

Le terme *pale-liver* (qui signifie « foie clair ») désignait toutes les robes qui s'écartaient du noir : leur couleur allait de sable à marron foncé.

On peut penser que ce baron clairvoyant s'est intéressé à Nous et l'a acheté parce que, outre sa robe dorée, il devait présenter des caractéristiques exceptionnelles.

L'éclair de génie de ce noble an-

LES PREMIERS RETRIEVERS

Quand on parle des retrievers de cette époque, qui sont à l'origine des races actuelles, il ne faut pas imaginer qu'ils constituaient un groupe morphologiquement homogène. Pendant cette période, en effet, le terme « retriever » désignait, plus qu'une race particulière, une catégorie de chiens présentant la même aptitude au travail et sélectionnés pour rapporter le gibier pendant les battues.

Ainsi, on trouve souvent des wavy coated *retrievers noirs (retrievers à la robe ondulée), ou d'autres retrievers anglais plus petits et de couleur foie.*

Il ne faut pas oublier qu'à cette époque, les qualités de chasseur d'un chien étaient mieux considérées que ses caractéristiques morphologiques. C'est ce qui explique la grande variété des retrievers que l'on pouvait alors rencontrer.

glais a consisté à prévoir des accouplements et à sélectionner sa race de retrievers en utilisant comme souche ce chiot jaune né de parents noirs.

L'autre partie du programme de Lord Tweedmouth concernait une femelle appelée Belle, appartenant à la race des Tweed Water Spaniel. On ne sait pas très bien s'il s'agissait d'une race bien définie, mais nous possédons certaines descriptions de ces chiens qui les désignent comme de grands épagneuls de couleur foie ou châtain, utilisés en particulier pour le travail dans l'eau. Pendant ses recherches sur le Tweed Water Spaniel, Sir Stanley O' Neil a d'ailleurs découvert la présence de chiens d'eau à la frontière entre l'Ecosse et l'Angleterre, ainsi qu'à l'embouchure de la rivière Tweed.

Il n'existe malheureusement pas de tableaux représentant Belle ou d'autres Tweed Water Spaniel de l'époque.

Nous fut accouplé avec Belle, en 1868.

Il est intéressant de remarquer, en faisant travailler un peu son imagination, que l'on retrouve dans ce premier accouplement une grande partie des caractéristiques du Golden Retriever actuel.

En effet, les attributs morphologiques de Nous, à la robe couleur jaune d'or et légèrement ondulée, s'unissent aux qualités de chien d'eau que possède Belle, un spécimen de water spaniel. On peut dire, d'un point de vue génétique, que ces deux souches nous fournissent de nombreux renseignements sur la race actuelle, même si du sang neuf a été depuis introduit dans cette lignée.

Baloo (issu de Dublin Maple du domaine du Vexin et du Ch. Kissimee Demons). Prod. L. Ginoulhiac, propr. M. Lanzi (photo L. Ginoulhiac)

Nous et Belle donnèrent ensuite naissance à quatre chiots jaunes, un mâle et trois femelles.

Crocus, le seul mâle, fut donné à Lord Tweedmouth II ; Cowslip et Primerose restèrent à Guisachan et Ada, la seule dont nous possédons un portrait, fut offerte à un neveu, le cinquième comte d'Ilchester.

Quand on regarde le tableau qui représente le comte avec sa chienne bien-aimée, on ne peut que constater que cet exemplaire à la robe dorée, qui a vécu il y a plus de cent ans, ressemble à un Golden de notre époque.

A partir de cette portée et jusqu'en 1890, tous les accouplements ont été notés avec précision dans le Livre des Origines de Lord Tweedmouth.

Ainsi, le pedigree des derniers chiots jaunes nés en 1889 nous fournit des informations intéressantes.

Lord Tweedmouth utilisait largement l'*inbreeding* (consanguinité rapprochée), mais introduisait également du sang neuf grâce à des *outcross* (accouplements non consanguins) modérés.

On compte parmi ces derniers : un Setter roux (se rapprochant certainement du Setter irlandais actuel), appelé Sampson ; Tracer, un retriever noir à la robe ondulée, frère du champion des retrievers de l'époque, Moonstone ; un autre chien noir appelé Zelstone dont il existe un portrait ; enfin, un autre Tweed Water Spaniel nommé Tweed.

La diffusion de la race, à partir du noyau initial de Guisachan, est facile à reconstituer, si l'on pense à la vie sociale de l'époque. En effet, les parties de chasse organisées dans les différents domaines des nobles représentaient non seulement un moment de détente, mais étaient également l'occasion de contacts diplomatiques, de moments de travail et d'échange.

Il est probable que les chiens de chasse utilisés durant ces réunions entre gentlemen étaient cédés, vendus ou offerts, puisque ce sport était alors pratiqué par toute l'aristocratie.

Elma Stonex, spécialiste de l'histoire des retrievers, a reconstitué la diffusion des retrievers de Lord Tweedmouth à travers le reste du

Ch. Sherida Sirdar. Prod. et propr. P.G. Cooke, élevage Sherida Kennel

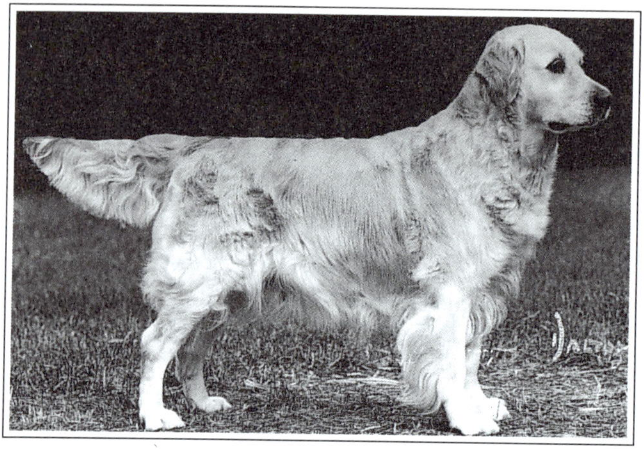

Ch. Melfricka Echo. Prod. et propr. M.E. Hathaway

pays, en étudiant les contacts entre les familles, leurs liens plus ou moins étroits de parenté, etc.
Il existe en effet d'autres retrievers jaunes, appartenant à des propriétaires différents, qui ont vécu durant la même période que les chiens de Lord Tweedmouth. Il ne s'agit pas de certitudes, mais simplement d'hypothèses émises à partir d'éléments historiques contenus dans des lettres, des documents, des reproductions, des arbres généalogiques, etc.

LA LÉGENDE DES CHIENS RUSSES

Au cours du siècle dernier et jusqu'en 1952, année du démenti officiel, une théorie séduisante sur l'origine des Golden a circulé en Angleterre.
Cette théorie, qui n'a aucun fondement historique, a été soutenue principalement par deux éleveurs, le colonel Poer Trench et Mrs Charlsworth, dont l'autorité dans ce domaine a contribué à répandre largement cette légende.
Selon leur version, le premier Lord Tweedmouth aurait acheté dans un cirque, en 1860 environ, des chiens provenant de Russie. Ces animaux, d'une rare beauté, auraient frappé ce gentleman par leur intelligence et leur aptitude à l'apprentissage ; il aurait alors décidé d'en acheter huit et de les utiliser pour la chasse dans son domaine de Guisachan, après les avoir dressés au rapport.
En réalité, le Livre Généalogique du baron Tweedmouth ne fait absolument pas allusion à des chiens d'origine russe.

Le standard commenté

Le standard d'une race, c'est la description détaillée des caractéristiques que le chien idéal devrait posséder. Chez les races de chien de travail, comme le Golden, le standard est conditionné par les caractéristiques morphologiques qui sont liées au bon accomplissement de sa tâche. C'est pour cette raison que l'on accorde en général plus d'importance à l'aspect général du chien et à son harmonie, qu'aux proportions entre les différentes parties de son corps ou qu'à d'autres caractéristiques, qui sont au contraire primordiales chez les races canines d'exposition.

Aspect général

Chien bien construit, symétrique et bien proportionné, aux mouvements aisés, puissant et actif. Son expression naturelle typique est très douce et amicale.

Le jugement d'un Golden Retriever ne peut faire abstraction de sa vision d'ensemble : il faut donc tout d'abord prendre en compte ses proportions et son déplacement.
Sa constitution générale doit lui permettre d'être un bon chien de chasse. Il doit en effet être en mesure d'affronter un milieu hostile et un travail difficile.
Le chien ne doit être ni frêle ni lourd ; son ossature doit être solide et ses membres pas trop longs. Il faut qu'il soit bien proportionné du cou et des épaules, parties du corps qui jouent un rôle important durant le rapport, mais également du postérieur, qui doit être suffi-

LE SQUELETTE

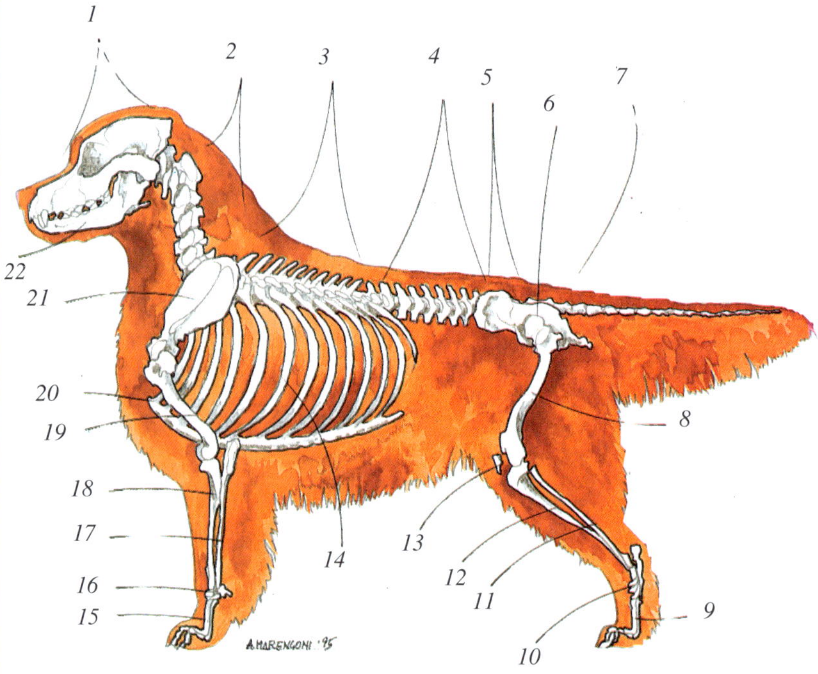

1. Crâne - 2. Vertèbres cervicales - 3. Vertèbres dorsales - 4. Vertèbres lombaires - 5. Vertèbres sacrées - 6. Os iliaque - 7. Vertèbres caudales - 8. Fémur - 9. Métatarse - 10. Tarse - 11. Péroné - 12. Tibia - 13. Rotule - 14. Cage thoracique - 15. Métacarpe - 16. Carpe - 17. Cubitus - 18. Radius - 19. Humérus - 20. Sternum - 21. Omoplate - 22. Mâchoire

samment puissant pour exercer son action propulsive durant la course.

Le mouvement du Golden doit être aisé, fluide et ne présenter ni à-coups ni efforts. Ce chien doit

LES RÉGIONS DU CORPS

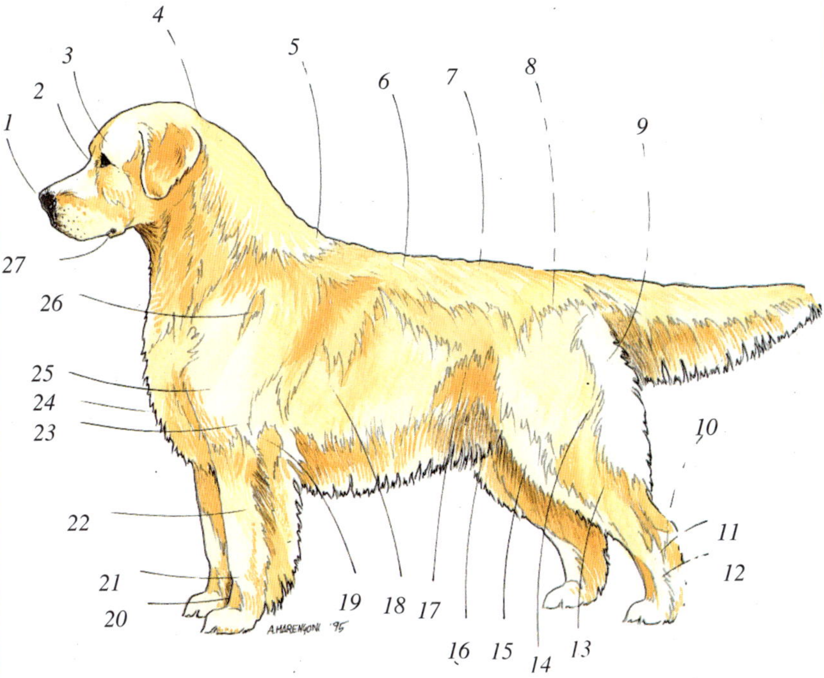

1. Truffe - 2. Stop - 3. Sinus frontal - 4. Occiput - 5. Garrot - 6. Dos - 7. Reins - 8. Croupe - 9. Pointe de la fesse - 10. Pointe du jarret - 11. Tarse - 12. Métatarse - 13. Jambe - 14. Cuisse - 15. Genou - 16. Pli du grasset - 17. Flanc - 18. Thorax - 19. Coude - 20. Métacarpe - 21. Carpe - 22. Avant-bras - 23. Bras - 24. Poitrine - 25. Pointe de l'épaule - 26. Epaule - 27 - Commissure des lèvres

posséder à la fois vitalité et douceur. Il faut qu'il soit très robuste sans être gros. Ses lignes ne présentent pas d'angles aigus, mais seulement de faibles courbes et des angles arrondis.

Ch. It. Soc. Lawnwood's Basil Brush. Prod. Satterhwaite, propr. élevage Chiaroscuro (photo Pandolfi)

Caractéristiques

Docilité, intelligence et prédisposition naturelle pour le travail.

L'instinct du rapport est une caractéristique innée, qui s'accompagne cependant d'un caractère docile et d'une aptitude au dressage.
Les Golden sont des chiens qui obéissent naturellement et qui se montrent dociles avec l'homme ; ils peuvent apporter beaucoup de satisfaction aussi bien à un amateur de chiens chevronné qu'à quelqu'un qui n'a jamais eu de chien.

Tempérament

Doux, amical et sûr de lui.

Le tempérament est un aspect très important de cette race, qu'il ne faut absolument pas sous-estimer. Les Golden sont des chiens dociles et affectueux aimant les enfants et s'entendant bien avec les autres chiens. Durant la phase de sélection, il faut prêter attention au caractère du chien. Un Golden au caractère atypique, c'est-à-dire agressif ou trop timide, devrait être exclu sans hésitation de la reproduction.

Nunsbrook Just Jazz (issu de Jobeka Jasper of Nortonwood et de Cardrona Brontelle of Nunsbrook) (photo M. Vanzetti)

Deux descendants du Ch. Sherida Sirdar : Sherida Jamedar à neuf ans (à droite) et Sundar of Sherida à quatre ans. Prod. et propr. P.G. Cooke, élevage Sherida Kennel (photo P.G. Cooke)

Tête et crâne

Tête bien ciselée et proportionnée. Crâne large sans être lourd. La tête doit être bien attachée avec l'encolure ; le museau est puissant et large.
La longueur du museau doit être égale à celle du crâne. Le stop est bien marqué et la truffe est noire, de préférence.

La tête joue un rôle très important dans l'aspect général d'un chien.
Il est essentiel que les proportions des différentes parties de la tête soient respectées et que l'ensem-

TÊTE

correcte

lourde
(trop de peau)

atypique
(museau faible)

ble de la tête soit proportionné au reste du corps.
Les mâchoires du Golden Retriever doivent être bien développées pour qu'il ait une bonne prise durant le rapport. Son museau ne doit être ni étroit, ni pointu, mais suffisamment large et puissant. En ce qui concerne le « stop », c'est-à-dire la partie située entre la base du museau et le front, il doit toujours être bien marqué. Comme les autres retrievers, le Golden est un chien mésocéphale de type brachycéphale : cela signifie que la partie antérieure de sa tête, c'est-à-dire son museau, doit être à peu près aussi longue que son crâne. Il est souhaitable que la pigmentation de la truffe soit bien marquée, c'est-à-dire d'une belle couleur noir brillant.
Chez certains sujets, il peut arriver que la pigmentation disparaisse légèrement pendant l'hiver : la truffe retrouve alors difficilement sa couleur initiale.
Certains chiens naissent sans pigmentation et leur truffe est alors plus ou moins rose.

Yeux

Sombres et bien écartés ; le bord des paupières est foncé.

La couleur des yeux est importante parce qu'elle détermine en grande partie le caractère typique du regard du Golden. Des yeux trop clairs rendent le regard moins intense et moins doux, tout comme les yeux noirs. La couleur idéale des yeux est marron foncé. La forme, la taille et la position des yeux sont également très importantes. Imaginons, par exemple, un chien aux yeux très petits ou, à l'inverse, aux yeux proéminents : ces deux caractéristiques l'éloigneraient énormément de la description du standard.
Il faut tenir compte de la position et de la taille des yeux, non seulement pour des raisons esthétiques, mais également pour faciliter le travail du chien. En effet, pendant la chasse, cet animal doit se déplacer dans les sous-bois ou les her-

Garbank Jarier of Nortonwood (issu du Ch. Lamachan Lad At Garbank et du Ch. Nortonwood Miss). Propr. et photo M. Vanzetti

bes hautes et donc au milieu d'une végétation située à hauteur de ses yeux. Il risquerait donc de se blesser aux yeux si ceux-ci étaient trop proéminents ou pas suffisamment protégés par les paupières.
Les paupières du Golden Retriever doivent être bien pigmentées et adhérer à l'œil. On ne doit pas y déceler la présence de défauts congénitaux, comme l'entropion ou l'ectropion, qui sont respectivement un renversement de la paupière inférieure vers l'intérieur et vers l'extérieur de l'œil. Ces défauts sont non seulement inesthétiques, mais ils risquent également d'abîmer le globe oculaire du chien.

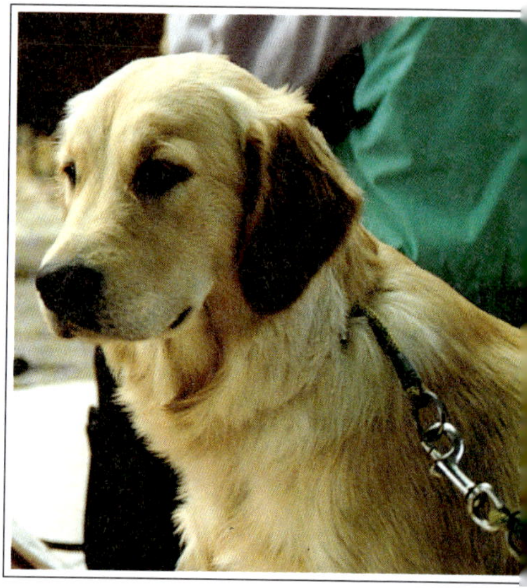

Niblemoss of High Hopes (Mousse). Prod., propr. et photo C. Sonnet

Oreilles

De taille moyenne, attachées à peu près à la hauteur des yeux.

Quand on regarde le chien de profil, il faut que l'attache de son oreille soit sur la même ligne que ses yeux. Des oreilles trop grandes donnent l'impression que la tête du chien est plus petite qu'elle ne l'est en réalité. En revanche, des oreilles trop petites semblent collées sur les côtés de la tête.
Les oreilles, comme les yeux, doivent être suffisamment développées pour que le conduit auditif soit protégé contre la végétation lorsque le chien travaille.

Mâchoires

Mâchoires fortes, avec un articulé en ciseaux parfaitement régulier.

L'articulé en ciseaux signifie que les incisives de l'arcade dentaire supérieure et celles de l'arcade dentaire inférieure se superposent parfaitement.
Ainsi, la face externe des dents inférieures est en contact direct avec la face interne des dents supérieures.
Les mâchoires doivent être puissantes et bien développées. Ceci est très important parce qu'il faut que ces chiens puissent transporter du gros gibier.

Darris Double Dutch At Amirene, mère du Ch. Amirene Intrepid (photo M. Vanzetti)

La dentition complète du Golden adulte est constituée de quarante-deux dents ; l'absence congénitale de quelques dents, en général les prémolaires, est considérée comme un grave défaut.
Le prognathisme et la rétrognathie sont également considérés comme de graves défauts puisqu'il s'agit de fermetures de mâchoires imparfaites : les incisives inférieures sont respectivement plus saillantes ou plus en arrière que les incisives supérieures.
L'articulé en tenaille, position intermédiaire, est également considéré comme un défaut : les dents supérieures coïncident parfaitement avec les dents inférieures.

Cou

D'une longueur correcte, net et musclé.

Le cou et les épaules représentent une des parties anatomiques les plus importantes d'un chien de rapport.
Le cou doit être assez long sans être mince. Il faut que le Golden ait une musculature suffisante pour transporter des objets ou des animaux d'un certain poids, mais il doit également pouvoir courir, sauter des obstacles ou nager. Le cou du Golden doit s'insérer progressivement dans les épaules et former une seule partie anatomique.

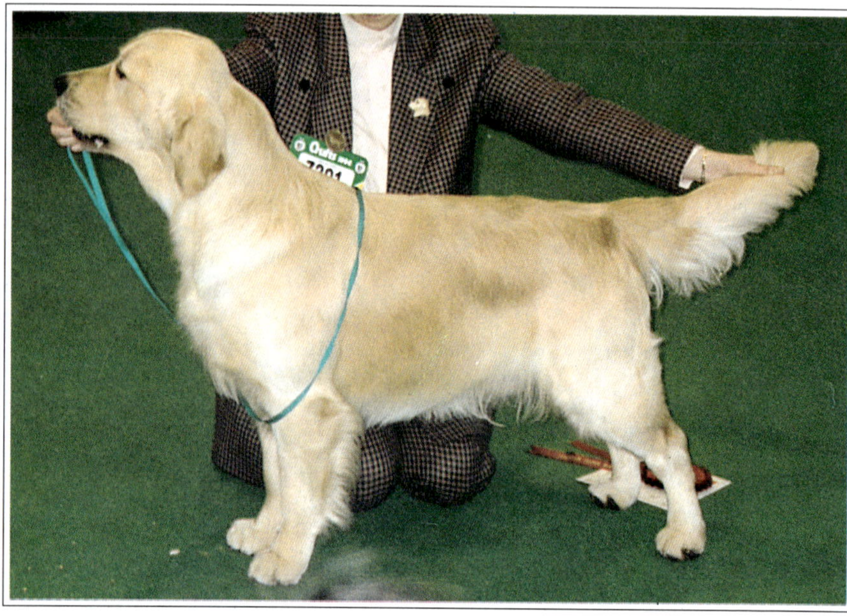

Millgreen Magnum, superbe jeune mâle (photo M. Vanzetti)

Le terme « net » signifie sans excès de peau ni de graisse.

Avant-main

Droite, avec une bonne ossature, les épaules bien obliques ; l'omoplate est longue et le bras d'égale longueur ; les membres antérieurs sont à la verticale sous le corps. Les coudes adhèrent bien au corps.

Vue de face comme de profil, l'avant-main doit être droite. Il faut que l'ossature du chien soit solide, sans être excessivement lourde. Une épaule bien inclinée permet au chien de se déplacer harmonieusement et sans rigidité.
L'ouverture de l'angle de l'épaule (l'angle formé par l'omoplate et l'humérus) devrait être dans l'idéal de 90 degrés et les deux rayons osseux d'égale longueur. C'est avec une telle ouverture que la position de l'avant-main est correcte par rapport au reste du corps.
On considère comme un défaut une épaule trop droite qui amène le chien à se pencher vers l'avant ou, au contraire, une avant-main trop située sous le corps, qui en-

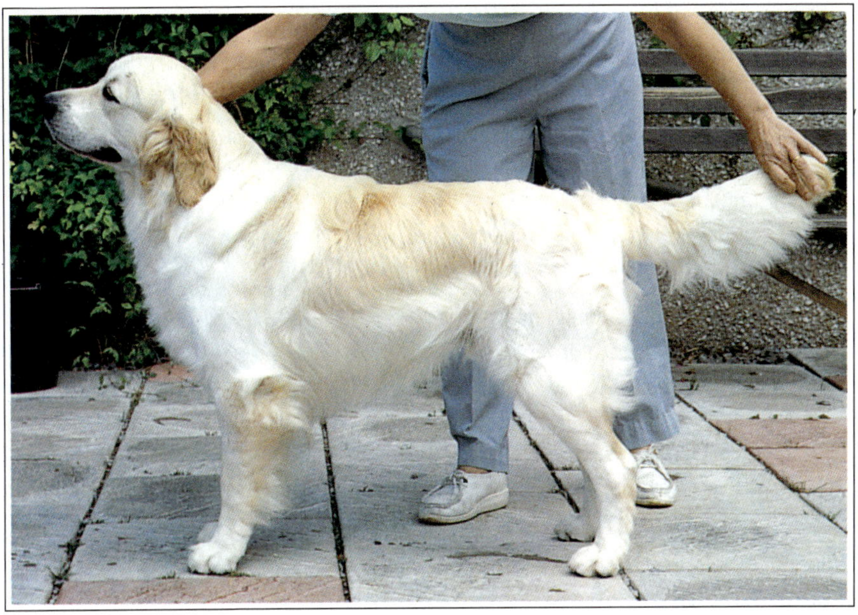

Sherida Simla (issue du Ch. Sherida Sirdar et de Debrics Chiquita of Sherida). Prod. et propr. P.G. Cooke, élevage Sherida Kennel

traîne un déséquilibre vers l'avant. Enfin, les coudes doivent être très proches du corps. Des coudes trop ouverts sont généralement associés à une rotation interne du pied ; des coudes qui adhèrent excessivement au thorax avec des pieds tournés vers l'extérieur, gênent le déplacement du chien et sont souvent associés à un faible développement du thorax.

Corps

Bien équilibré et ramassé, le thorax est profond. Les côtes sont bien descendues et bien cintrées. La ligne supérieure est horizontale.

Le corps du Golden doit être bien proportionné et plutôt ramassé.
Naturellement, il faut qu'il soit plus long que haut et présenter un thorax bien développé, en longueur comme en largeur. Le Golden ne doit pas être trop haut sur ses pattes.
La ligne dorsale doit être horizontale et parallèle au sol. La démarche de ce chien dépend en grande partie du respect des proportions entre les différentes régions de son corps. Un chien trop

MESURER LE THORAX

Le thorax des chiens de travail doit être ample, profond et bien descendu jusqu'aux coudes, donc très développé. Cette partie du corps contient en effet des organes d'une importance vitale, comme les poumons et le cœur.
Son diamètre est mesuré dans les trois dimensions :
– largeur ou diamètre transversal, déterminé par la courbure des côtes ;
– longueur ou profondeur, diamètre sagittal, mesurée de la pointe du sternum (manubrium sternal) à l'avant-dernière côte flottante ;
– hauteur ou diamètre vertical mesuré du sommet du dos, juste sous le garrot, à la ligne inférieure du sternum.
Si ces mesures étaient effectuées sur un homme, on obtiendrait les mêmes chiffres entre la longueur et la hauteur de son thorax, parce qu'il est en position debout.

long aura certainement une région lombaire concave ; en revanche, si le garrot du Golden est correct, sa région rénale bien proportionnée et sa croupe bien inclinée, il aura une ligne dorsale de qualité.
La courbure des côtes est importante : un bon développement de la cage thoracique, qui abrite le cœur et les poumons, est un signe de robustesse et de résistance.
C'est dans cette partie du corps que l'excès de graisse est le plus visible ; ce défaut peut affecter l'aspect général du chien, qui semble alors presque plus large que long.
Enfin, le rapport entre membres antérieurs et thorax est important. Si ce dernier est suffisamment haut, le chien apparaîtra bien proportionné ; dans le cas contraire, ses membres antérieurs peuvent sembler trop longs ou trop frêles.

Arrière-main

Reins et membres postérieurs forts, musclés ; les cuisses robustes et les grassets bien anguleux. Les jarrets bien descendus sont d'aplomb, vus de dos. Des jarrets de vache représentent un grave défaut.

L'arrière-train doit être puissant parce que c'est lui qui donne l'impulsion pendant le mouvement.
Comme dans l'avant-main, l'ouverture des angles est très importante. Si l'ouverture est trop grande, le membre est droit et le mouvement du chien manquera de souplesse.
Un jarret trop incliné entraîne au

contraire une faiblesse de l'arrière-train. Vus de dos, les membres postérieurs du Golden doivent être parallèles ; quand on observe un chien qui se déplace au pas ou, mieux encore, au trot, il faut que ses deux jarrets soient droits.
On appelle jarrets « de vache » ceux qui ont tendance à se rapprocher quand le pied tourne vers l'extérieur. Ils sont considérés comme un grave défaut parce qu'ils signalent généralement la présence d'autres anomalies au niveau articulaire et ils peuvent altérer considérablement la démarche du chien, la rendant disgracieuse.

Pieds

Ronds, pieds de chat.

Le pied du Golden doit être compact ; il comprend des phalanges bien arquées qui forment un ensemble très arrondi. La définition de « pied de chat » convient parfaitement au pied du Golden Retriever.
On compte, parmi les défauts, des pieds trop longs ou des doigts de pied écartés, tous les deux contraires à l'aspect typique du Golden.

Queue

Attachée et portée au niveau du dos. Elle atteint le jarret et ne s'enroule pas à l'extrémité.

La position de la queue, qui est en principe en continuité avec la ligne dorsale, apporte de l'harmonie au corps du chien et met en valeur une ligne dorsale correcte.
La queue des jeunes sujets est souvent portée haute : cela n'est pas un défaut sauf si elle est enroulée à l'extrémité.
La queue du Golden, qui lui sert de gouvernail quand il nage, est très grosse et robuste à la base mais s'amincit vers l'extrémité.

Allures-Mouvement

Allures énergiques avec beaucoup d'impulsion. L'enjambée est longue et dégagée sans aucune tendance à relever les antérieurs.

L'allure la plus fréquente du Golden est le trot. Un Golden au trot doit donner l'impression de se déplacer sans aucun effort.
Il faut qu'il ait l'air de glisser au-dessus du sol, sans accomplir de mouvements brusques ni sautillants.
Ses pieds rasent le sol et ne doivent donc pas être soulevés excessivement, afin d'éviter une dépense d'énergie inutile.
Une enjambée suffisamment longue dépend de l'inclinaison des épaules. Généralement, une épaule trop droite entraîne un pas beaucoup moins ample.

Sundar of Sherida. Prod. S. Garner. Propr. et photo P.G. Cooke

Poil

Lisse ou ondulé, avec de bonnes franges. Poil épais, imperméable ; le sous-poil est abondant.

La robe du Golden est composée de deux couches : le poil long, qui détermine la couleur du chien ; le sous-poil, en général clair, plus fin et plus court, mais qui est très serré et imperméable. Le poil du Golden ne doit jamais être frisé, mais seulement légèrement ondulé.
La robe présente des franges sur certaines parties du corps, comme par exemple la partie postérieure des pattes, le ventre, le thorax, la partie postérieure des cuisses et la queue.
A certaines périodes de l'année, qui coïncident en général avec les moments les plus chauds pour les chiens qui vivent à l'extérieur, ou à des phases physiologiques particulières pour les autres, comme après une gestation ou un allaitement, on peut observer ce que l'on appelle la mue : une grande partie du poil et du sous-poil tombe et laisse la place à une nou-

velle robe qui se forme progressivement.

Couleur

Tous les tons allant de l'or au crème, sauf l'acajou et l'orangé. On admet la présence de quelques poils blancs sur le poitrail.

La question de la couleur est plutôt controversée et il arrive de plus en plus souvent que l'on voit sur le ring d'un concours des chiens tellement « délavés » qu'ils en paraissent blancs.
Selon sa définition même, le Golden devrait être doré ; en réalité, le standard anglais admet les robes presque blanches, qui sont d'ailleurs de plus en plus fréquentes. Elles sont inclues dans le terme « couleur crème », qui est désormais généralement accepté dans le standard depuis 1936 (la version de 1900 ne tolérait au contraire que la couleur dorée). Dans son ouvrage *Golden Retriever Today*, Valerie Foss affirme qu'un juge ne doit pas s'exprimer sur la couleur de la robe, sauf si cette dernière sort du cadre autorisé par le standard.
Ce dernier doit constituer le seul point de référence.
Par ailleurs, il existe déjà tellement de caractères à sélectionner, qu'il est absurde de vouloir insister sur un détail qui est une affaire de goût et qui n'influe aucunement sur la morphologie du chien, ni sur ses aptitudes au travail.

Ch. It. Int. Polar Markens Norm (à gauche) et Ch. Kapplandet's Glen Grant. Les deux couleurs extrêmes chez le Golden Retriever : biscuit et crème (photo C. Selberg)

Sujet typique et bien équilibré

Sujet au corps trop trapu

Sujet un peu lourd et à la ligne dorsale un peu tombante (lordose)

Sujet un peu léger dont les membres ne sont pas assez anguleux

Taille

Hauteur au garrot : 56-61 cm pour les mâles, 51-56 cm pour les femelles.

Défauts

Tout écart par rapport au standard doit être considéré comme un défaut qui sera pénalisé selon sa gravité.

N.B.

Les mâles doivent avoir deux testicules de taille et d'apparence normales, complètement descendus dans le scrotum.

LE STANDARD AMÉRICAIN

Le Golden Retriever est très répandu aux Etats-Unis. Partant de chiens importés d'Angleterre, les Golden américains ont été sélectionnés selon un standard rédigé par le Kennel Club Américain.
Il n'existe pas de grandes différences fondamentales entre les deux standards. Toutefois, le standard américain est beaucoup plus précis que le standard anglais, qui se contente de faire allusion à toutes les particularités que l'on peut rencontrer.
Le standard américain définit les défauts qui peuvent entraîner la disqualification d'un chien. Ceux-ci concernent la hauteur et la dentition du chien. Si un chien présente une taille supérieure ou inférieure de plus d'un pouce (c'est-à-dire 2,54 cm) à celle qui est indiquée dans le standard, ou bien s'il est affecté de prognathisme inférieur ou supérieur, il doit être éliminé.
Les défauts aux paupières entraînent également de fortes pénalités.
Les tailles indiquées dans le standard américain sont légèrement différentes de celles qui figurent dans le standard anglais : la hauteur des mâles doit être comprise entre 23-24 pouces, c'est-à-dire entre 58 et 61 cm ; celle des femelles entre 21,5-22,5 pouces, soit de 53 à 58 cm.
Le poids idéal est également indiqué (28-32,5 kg pour les mâles et 24-28 kg pour les femelles), ainsi que certains paramètres spécifiques qui se rapportent à la proportion entre la longueur et la hauteur du chien.

Le caractère et les aptitudes naturelles

Ma première rencontre avec un Golden Retriever a eu lieu dans un cabinet de consultation vétérinaire : j'étais au Canada et je travaillais, en tant qu'étudiante stagiaire, dans une clinique pour animaux domestiques.

Plusieurs personnes étaient ce jour-là patiemment assises dans la salle d'attente avec leurs compagnons. Tous les chiens, petits ou grands, étaient à côté de leurs maîtres, visiblement craintifs. Le seul animal qui semblait parfaitement à son aise était un magnifique Golden mâle de deux ans, couché le ventre en l'air au milieu de la pièce, qui se faisait dorloter par deux enfants.

J'ai été encore plus surprise quand on a installé le chien sur la table de consultation pour lui faire une prise de sang. Comme s'il s'agissait d'une intervention habituelle, l'animal a donné sa patte au docteur qui la réclamait et, pendant le prélèvement, a continué à remuer la queue, confiant.

Je sais aujourd'hui que tous les Golden ne sont pas aussi courageux ni sociables, mais je crois que c'est cet épisode, suivi d'autres rencontres avec ce type de chien pendant mon séjour canadien, qui a marqué le début de l'amour que j'éprouve pour cette race. C'est d'ailleurs ce trait de caractère qui m'a le plus étonnée.

Ce qui caractérise les Golden, comme d'ailleurs les autres retrievers, ce sont précisément leur douceur, leur caractère affectueux et leur sociabilité.

Les Golden ont une nature fonda-

Groupe de Golden appartenant à l'élevage du Domaine du Vexin. Propr. et photo M. Vallois

Jeux en groupe dans les eaux de la mer d'Irlande (photo C. Lombardo)

mentalement bonne et ils s'entendent bien avec les autres chiens comme avec les autres espèces d'animaux. Toutefois, ils apprécient particulièrement l'homme.

Leur rapport avec les êtres humains est exceptionnel. Les Golden Retrievers aiment se retrouver au milieu des gens et jouer avec les adultes comme avec les enfants.

Bien qu'ils éprouvent beaucoup d'affection pour leur maître, ils

Les Golden s'entendent bien avec les autres espèces d'animaux. Baloo et son ami hamster (photo E. Santucci)

font également fête aux personnes qu'ils ne connaissent pas.
Ils adorent se faire caresser et dorloter et ne perdent pas une seule occasion de manifester leur caractère expansif.
Ce sont des chiens très équilibrés qui se montrent rarement craintifs ou agressifs. Il peut arriver qu'ils rivalisent avec d'autres chiens quand ils luttent pour de la nourriture, ou que deux mâles se disputent pour une femelle, mais les véritables bagarres restent rares.
De même, ils ne se montrent agressifs envers quelqu'un et ne mordent qu'exceptionnellement.
D'ordinaire, les Golden aboient relativement peu. Ils le font parfois quand ils sentent la présence d'un étranger derrière la porte

Contact rapproché ! Le Golden n'est pas timide ; il ne craint pas non plus les animaux plus grands que lui (photo L. Ginoulhiac)

Un Golden pourrait jouer pendant toute la journée (photo P. Sommaruga)

Le Golden aime jouer avec l'eau, quelle que soit sa température (photo E. Antognaccetti)

de chez eux, ou quand ils entendent retentir la sonnette. Cependant, la défense de leur territoire se limite à un aboiement ou deux, mais en général, ces chiens remuent la queue sans arrêt.

Cela explique leur manque d'agressivité, y compris vis-à-vis de personnes inconnues ; ils aboient joyeusement uniquement pour montrer à leur maître qu'ils sont capables de remplir leur devoir.

Les décrire comme étant des « chiens de bonne humeur » serait peut-être les humaniser excessivement ; cependant, c'est vraiment l'impression qu'ils nous donnent, même si en réalité, nous ne pouvons pas comprendre leurs états d'âme. Un chien qui remue toujours la queue, qui est toujours prêt à jouer et à plaire à son maître, apporte de la vitalité et de la joie.

En revanche, quand il est au repos, couché aux pieds de son maître, il prend un air très triste, comme s'il cherchait à l'émouvoir avec son doux regard.

Ces deux facettes les plus typiques du caractère de ce chien en font un animal parfaitement équilibré.

Il existe d'une part la vivacité, la joie, l'envie de faire quelque chose, de jouer, de bouger inlassa-

Si ce n'est pas le moment de jouer, votre Golden saura rester tranquillement à sa place (photo P. Sommaruga)

blement, même pendant des heures ; on rencontre d'autre part une extrême tranquillité et de la douceur qui s'expriment quand le lieu ou le moment ne lui permet pas d'agir en toute liberté.

Naturellement, il existe des différences de vivacité entre un chien et un autre, distinctions qui sont également liées au sexe et à l'âge de l'animal. Cependant, tous les Golden sont en général dotés d'un caractère docile et sociable qui les font aimer de tous, y compris de ceux qui n'apprécient pas particulièrement les chiens.

L'aptitude

Le terme « aptitude » désigne l'ensemble des capacités, plus ou moins innées, qu'une race possède en vertu de la sélection dont elle a fait l'objet.

Il existe des races qui sont sélec-

DIX ADJECTIFS QUI S'APPLIQUENT AU GOLDEN RETRIEVER

Les traits de caractère du Golden en font un chien unique. On pourrait les résumer par les dix adjectifs suivants :

1. Affectueux - 2. Doux - 3. Joyeux - 4. Exubérant - 5. Intelligent - 6. Docile - 7. Obéissant - 8. Fidèle - 9. Patient - 10. Décidé

Les Golden aiment les enfants et... les balles (photo M. Vanzetti)

« FAMILY DOG »

Dans les pays anglo-saxons, le Golden Retriever est très répandu : il est considéré comme un pet, *c'est-à-dire comme un animal de compagnie, au même titre qu'un membre de la famille.*
Sa popularité est évidemment liée à son très bel aspect, mais surtout à son caractère sociable, qui se manifeste envers toute la famille, y compris les enfants.
C'est en effet un très bon compagnon de jeu qui supporte bien volontiers et sans réagir, les contacts, parfois même brusques, de ses amis plus petits.

L'instinct du rapport est visible dès les premiers mois. L'aptitude principale du Golden est celle du chien de chasse (photo C. Cadonati)

Tentative de rapport d'un canard vivant ! A huit mois, Ginger Jackie montre déjà une belle prédisposition pour attraper des volatiles dans l'eau (photo L. Ginoulhiac)

tionnées pour accomplir une fonction particulière et qui, par conséquent, sont adaptées à un type principal de travail.

Cela n'est pas le cas, à mon avis, du Golden Retriever. En effet, bien qu'il appartienne à une race née et utilisée surtout pour la

Panna et Maple à l'école de l'obéissance. Les Golden aiment travailler avec leur conducteur et apprennent facilement (photo P. Sommaruga)

Un Golden engagé sur un parcours d'Agility : Venus Genetrix of Bryndafydd. Propr. G. Valeriani (photo Timparano)

chasse, il a su gagner les faveurs des gens qui étaient complètement étrangers à cette activité. C'est en effet un chien complet. Son aspect physique est très apprécié et il est doté d'une intelligence particulièrement développée qui, alliée à un

Le slalom est un des exercices d'Agility le plus difficile à enseigner. C'est encore Venus Genetrix of Bryndafydd. Propr. G. Valeriani (photo Timparano)

L'AGILITY

Les compétitions d'Agility, qui se pratiquent de plus en plus, s'adressent au chien comme à son maître. Le chien, guidé par les indications de son conducteur, doit accomplir un parcours d'obstacles sans se tromper dans la séquence et le plus rapidement possible. La nature des obstacles dépend des difficultés du parcours : en effet, on peut rencontrer des obstacles verticaux à sauter, des tunnels, des passerelles fixes ou mobiles, des piquets de slalom, des roues, des barres horizontales, etc.
Dans ce type de compétition, il est très important que le chien suive l'ordre du parcours : ainsi, la difficulté réside également dans les virages, les changements de direction et les interruptions qui séparent les obstacles.
C'est une discipline aussi passionnante à pratiquer qu'à regarder en tant que spectateur ; elle nécessite des mois d'entraînement et de travail patients.

bon caractère, en font un chien adapté aux emplois les plus divers.
Si l'on se réfère aux origines de la race du Golden, on n'est pas surpris de constater que ces chiens accomplissent d'excellentes prestations aussi bien à la chasse que dans les épreuves de travail. Ils sont peut-être un peu plus « volages » que les autres retrievers, mais ils montrent beaucoup d'enthousiasme et sont d'habiles rapporteurs, aussi bien dans l'eau que sur la terre ferme.
Cette aptitude est peut-être la plus ancrée et s'observe chez les très jeunes chiots. Ceux-ci sont en effet particulièrement attirés par l'eau et montrent un instinct développé pour le rapport d'objets de toutes sortes.
L'autre caractéristique typique des Golden, qui provient à mon avis du travail de sélection, est la facilité avec laquelle on peut les dresser.
Un retriever qui chasse ne doit pas seulement posséder un très bon flair et un instinct de rapport, mais se montrer également extrêmement obéissant ; il doit être capable de travailler en harmonie avec le conducteur qui lui donne des ordres.
En effet, un retriever doté d'un odorat très développé et d'une extrême habileté dans la recherche, n'obtiendra aucun résultat s'il n'est pas parfaitement dressé.
Les Golden aiment être actifs et travailler avec l'homme, en toutes circonstances et quelle que soit l'activité. Naturellement, il existe des sujets vifs et des sujets calmes, et il y a ceux qui réussissent mieux que d'autres, mais tous les Golden font preuve de la meilleure volonté du monde pour satisfaire leur maître.
C'est une des raisons pour laquelle ces chiens sont parmi les meilleurs dans les concours d'obéissance.
Ce type de compétition n'est pas encore très répandu, tout comme les épreuves d'Agility qui représentent un phénomène récent. Toutefois, dans les pays où ces compétitions existent depuis plusieurs années, ce sont les Golden qui rivalisent souvent avec succès contre d'autres chiens de race plus connus.
Les Golden sont des chiens qui sont également employés depuis longtemps dans des activités plus nobles que la chasse : ils sont par exemple utilisés comme chiens guides d'aveugle. Pour remplir cette fonction, il faut en effet que le chien ait un tempérament équilibré et qu'il démontre une grande aptitude à l'apprentissage.
Le chien guide ne doit jamais se laisser distraire par qui que ce soit et doit être capable d'évoluer dans tous les types d'environnements, parmi d'autres gens, d'autres chiens, etc., sans jamais se montrer agressif.
En dehors de cette fonction de guide, qui est peut-être la plus connue, le Golden Retriever peut remplir d'autres missions d'aide aux personnes handicapées.

Les chiens dressés par une association d'aide aux handicapés peuvent remplir de nombreuses fonctions. Anoah est ici en train de faire les courses (photo Galimberti)

La CDI (Companion Dog for Indipendence), qui œuvre depuis plusieurs années aux Etats-Unis, est une association qui prépare des chiens pour handicapés, principalement des Labradors et des Golden Retrievers.

Il existe également en Europe des associations semblables. Aux Pays-Bas, par exemple, l'association SHOHO emploie exclusivement des chiots de Golden.

Ces chiens sont introduits dans des familles où vivent des personnes invalides ou handicapées. Le but principal est de fournir un soutien psychologique à la personne souffrant d'un handicap, qui peut ainsi compter en permanence sur un ami fidèle. En outre, dans certaines situations, ces chiens accomplissent

Bumpity Bump du Pontias, chien dressé par la police française pour la recherche de drogue. Prop., conducteur et photo M. Vallois

également de véritables actes de secours physique.
Les chiens dressés dans ce but sont capables d'exécuter jusqu'à cinquante consignes différentes : ils attrapent des objets, les transportent d'un endroit à un autre, ouvrent les portes, appuient sur les interrupteurs, aident à faire les courses, etc.
Ils apportent ainsi à leur propriétaire une plus grande indépendance et, parallèlement, favorisent leurs contacts sociaux puisqu'ils attirent inévitablement l'attention des autres gens.
Le Golden a été également employé comme chien antidrogue. Les chiens sont dressés dans cette optique dès leur plus jeune âge. Il faut en effet que le chiot soit habitué à chercher des objets dissimulés et à utiliser son odorat le mieux possible.
Par exemple, si la petite poupée de chiffon ou la balle qu'il aime ont l'odeur particulière de la drogue, le chien s'habitue à les dénicher

ANECAH

L'ANECAH (Association nationale pour l'éducation des chiens d'assistance pour handicapés) est une association loi 1901 qui a été fondée en 1989. Son but principal est de favoriser la réinsertion des handicapés-moteurs en leur fournissant des chiens d'assistance.
Ces chiens remplissent en effet une fonction thérapeutique, pédagogique et d'assistance et développent l'autonomie des personnes à qui ils sont confiés.
En outre, ces animaux sont formés par l'ANECAH pour qu'ils accomplissent des tâches qui viennent en aide aux personnes handicapées : ramasser des objets sur le sol, ouvrir et fermer les portes, apporter des objets, allumer et éteindre la lumière, etc.
Quand le chien est suffisamment éduqué, il est remis à une personne handicapée. Cette longue formation permet de sélectionner des chiens qui seront parfaitement socialisés et adaptés à leur tâche.
Les races utilisées sont le Labrador et le Golden Retriever, en raison de leur caractère calme et de leur facilité d'éducation.
L'ANECAH ne dispose pas de fonds propre et toutes ses ressources dépendent des dons et des subventions qu'elle reçoit. Cependant, grâce notamment à l'action de 140 bénévoles, elle a pu remettre 48 chiens aux handicapés en 1994.
Pour tout renseignement complémentaire, vous pouvez vous adresser à :
M. Germain, La Ferme du Mont, route de Vouzon, 45240 Ménestreau-en-Villette.

Les Golden sont de très bons compagnons pour les sportifs. Garbank Jarier of Nortonwood. Propr. et photo M. Vanzetti

en flairant les traces olfactives laissées par cette substance. Cette aptitude, qui est d'abord enseignée sous forme de jeu, permet ensuite au chien d'accomplir un travail, quand la recherche s'effectue dans des aéroports ou dans d'autres lieux où transitent des marchandises et des personnes.

La mère de ma première chienne était un chien antidrogue qui travaillait pour la police française ; sa fille possédait d'ailleurs quelques caractéristiques propres aux sujets chargés de telles missions.

Bien qu'il soit d'un naturel amical et qu'il se montre incapable de faire du mal à qui que ce soit, le Golden peut jouer un rôle dans la surveillance de la maison en prévenant, par ses aboiements, de l'arrivée d'une personne étrangère. En général, ces chiens aboient peu mais toujours pour une raison précise.

Comme les Golden sont des animaux assez imposants, ils peuvent donc remplir avec succès la fonction de chien de garde.

En revenant aux emplois les plus courants de ce chien, on peut remarquer qu'ils font de très bons chiens de compagnie, aussi bien au sein d'une famille avec des enfants, même en bas âge, qu'avec une personne seule.

Cette facile cohabitation s'expli-

LE CHIEN DE RECHERCHE D'EXPLOSIFS

On cite souvent à ce propos l'exemple de Tally, la chienne Golden qui a gardé la statue de la Liberté de New York pendant des années.
Ce chien a été dressé spécialement pour reconnaître, grâce à son flair, des engins explosifs.

Un Golden peut très bien rester à la maison : il suffit qu'il ait de la compagnie. Foggy Day. Propr. M. Vanzetti (photo M. Vallois)

que par la très grande capacité d'adaptation propre à cette race de chien, ainsi que par sa bonté et sa très grande patience.

Bien que ce soit des chiens assez gros, les Golden sont peu encombrants. Il serait même facile d'oublier leur présence (je parle naturellement des sujets adultes), s'il n'y avait pas leur belle queue, toujours en mouvement. On peut ainsi les décrire comme de véritables chiens d'intérieur.

En outre, les Golden Retrievers sont des compagnons fidèles pour les personnes actives qui aiment le sport et la vie au grand air, comme pour les gens calmes et sédentaires.

La seule chose qu'ils demandent est de rester avec leur maître. Naturellement, comme tous les chiens, ils aiment les promenades dans les prés et les bois, mais je suis convaincue que les Golden qui vivent en ville peuvent être également heureux pourvu qu'ils soient aimés de leur maître.

Comment communiquer avec son chien

par le professeur M. Verga

On a tous pu constater un jour ou l'autre que les chiens utilisaient des signaux très variés quand ils communiquaient avec d'autres chiens ou avec l'homme : signaux sonores, comme les glapissements, les aboiements, les grondements ; signaux visuels, comme l'abaissement des pattes antérieures pour « l'invitation au jeu », l'inclinaison des oreilles et de la queue, en position de « soumission », ou encore le frétillement de la queue, qui agite tout le corps, dans l'attente d'une récompense ou d'une belle promenade. Tous ces signaux, accompagnés d'autres manifestations comme les phénomènes de miction, font partie d'un langage qui représente le système de communication propre à chaque espèce. Ainsi, les animaux d'une même espèce communiquent entre eux grâce à des messages spécifiques.

A quoi sert la communication ?

Naturellement, la transmission de signaux sous-entend un certain degré de développement de la vie sociale, à l'intérieur de laquelle chaque individu trouve sa place, son rang et son rôle par rapport aux autres. Cela bénéficie aussi bien à l'individu qu'au groupe. Le premier parvient à se nourrir et à s'accoupler et donc à survivre et à se reproduire, grâce aux indications que lui fournissent les autres membres du groupe ; le second maintient sa cohésion sans que ses

Le jeu est une activité primordiale pour les chiots (photo G. Valeriani)

diverses composantes aient à lutter continuellement les unes contre les autres. En outre, la communication entre les membres d'un même groupe social leur permet de mieux se défendre contre les dangers extérieurs : ces derniers sont rapidement signalés, même à distance, notamment grâce à des messages sonores.
Le chien appartient à une espèce très sociale et dispose à ce titre de nombreux signaux de communication, spécialement visuels, sonores et olfactifs.

Les messages de la tête

Les expressions de la tête et plus précisément celles qui appartiennent à ce que l'on appelle le masque facial, sont fondamentales dans le langage du chien, en particulier chez les races qui ont la faculté de modifier la position de leurs oreilles.
Les différentes positions des oreilles d'un chien, avec celles de ses lèvres, peuvent révéler ses intentions. Ainsi, en résumé :
– un regard fixe et attentif, les pupilles étroites, accompagné parfois d'un grognement sourd et d'un léger hérissement du poil sur le dos, sont des signaux de menace ;
– un regard bas et fuyant indique habituellement de la timidité ; attention toutefois, si un état de peur véritable s'installe, cela peut devenir un signal de « préattaque » ;
– un regard attentif, accompagné d'un frétillement de queue, d'un aboiement et d'un abaissement de l'avant-main, peut vouloir dire : « Tu veux jouer avec moi ? »;
– un regard languissant et « humainement parlant », presque implorant, avec parfois le corps en position « assis » et un filet de sa-

live qui coule de la bouche, signifie que notre compagnon attend patiemment sa ration !

– un regard absent, une position apathique et de faibles réactions face aux signaux que nous lui transmettons, peuvent indiquer que quelque chose ne va pas dans l'organisme de notre chien. Il peut s'agir d'une pathologie en général ou d'une maladie nerveuse. Il existe des cas où un tel regard s'accompagne de véritables crises nerveuses : ces dernières peuvent comporter des moments d'agressivité soudains et absolument imprévisibles, parfois dirigés contre des personnes que l'animal connaît bien, y compris son propre maître.

Pendant le jeu, les chiots adoptent des comportements d'adultes et apprennent à communiquer (photo L. Ginoulhiac)

Les messages du corps et de la queue

Un chien est capable d'émettre des signaux avec toutes les parties de son corps, soit en changeant de position, soit en hérissant son poil, donnant ainsi l'impression d'augmenter de volume. Le principe général est simple : plus l'aspect de l'animal est imposant (oreilles dressées, poils hérissés sur le dos, position debout), plus il veut marquer sa domination sur le milieu qui l'entoure, y compris sur les autres chiens ou sur les gens qui en font partie ; au contraire, plus le chien se « rapetisse » (queue entre les jambes, oreilles baissées, position semi-couchée), plus il montre qu'il se déclare soumis, perdant, ou même « amoureux », s'il s'agit d'un mâle qui fait la cour à une femelle en chaleur.

QUE PERÇOIT UN CHIEN ?

Certaines personnes sont convaincues qu'un chien peut « ressentir » les intentions amicales ou bien la peur exprimées par quelqu'un.
Plus simplement, l'animal peut montrer, par la position de son corps, qu'il a perçu les messages transmis par l'homme : une attitude détendue est déjà un message en soi.

FONCTIONS DE LA QUEUE SELON CERTAINS SPÉCIALISTES

D'après certains auteurs, la queue pourrait être :
a) un instrument qui émet des signaux dans un but social ou sexuel : la queue couvre ou découvre alternativement la zone procto-génitale du chien, qu'il cache ou montre aux autres pour attirer leur attention ;
b) un instrument pour signaler « le rang social » de l'individu à l'intérieur du groupe-bande : l'intensité et l'ampleur du frétillement de la queue indiquent à quel point l'animal contrôle son émotivité.

La signification du battement de queue n'est pas encore tout à fait élucidée. Evidemment, on comprend tous le message que transmet notre chien quand il vient vers nous en frétillant de la queue avec sa laisse, son écuelle ou sa balle dans la gueule : on interprète ces signaux comme un désir d'aller se promener, de recevoir sa ration de nourriture tant attendue ou encore de jouer. Cependant, un chien remue également sa queue, souvent de façon moins souple, quand il est en situation de rivalité avec d'autres chiens ou qu'il se trouve en situation de « préagressivité ». Il est reconnu que ce comportement se manifeste déjà chez le chiot pendant la tétée ou quand il y a compétition entre frères de lait. Ainsi, le mouvement de la queue permet à chaque sujet de signaler sa présence : en remuant sa queue, le chien répand autour de lui son propre signal olfactif qui, comme nous le verrons plus loin, est un autre système de communication très important.

Le frétillement de la queue qui indique l'attente impatiente d'un jeu ou d'une récompense, constitue par ailleurs un signal que l'on pourrait qualifier d'infantile, mais que le chien adulte conserve dans ses rapports avec ses semblables et avec l'homme.

Que dit le chien quand il « parle » ?

Les messages sonores ou bien les « vocalisations » sont très largement employés par le chien pour communiquer, y compris à grande distance. Nous connaissons tous les chœurs à plusieurs voix qui se déchaînent en plein milieu de la nuit et qui se font écho, simplement parce qu'un chien a entendu un bruit suspect dans les environs ou, tout simplement, que quelqu'un est passé devant sa grille.
On a tous également déjà entendu la colère qui s'empare de certains chiens quand quelqu'un s'appro-

La position des oreilles de ce Golden exprime une très grande attention. Dublin Maple du Domaine du Vexin. Prod. M. Vallois, propr. et photo L. Ginoulhiac

che de la porte de leur maison. Cette réaction représente pour le chien un système naturel de défense de son territoire, même si cela est particulièrement énervant pour le maître concerné et ses voisins ! Toutefois ce résultat est un des buts de la communication acoustique : signaler un danger au groupe, de façon qu'il puisse préparer sa défense. D'autres messages sonores transmis par le chien dépendent de l'intonation utilisée : le chiot signale à sa mère qu'il a froid, faim ou besoin de soins, par des gémissements plaintifs ; le chien adulte avertit son compagnon de la présence d'un danger ou d'une proie en aboyant ; le mâle montre à la femelle son « ardeur amoureuse » en utilisant une grande variété de sons.

Comment communiquer avec son chien par la parole ?

Il existe une opinion très répandue parmi de nombreux propriétaires de chien qui consiste à penser que le chien « comprend » la signification des mots les plus divers et des phrases les plus complexes. Ils prétendent que l'on peut dialoguer longuement avec les chiens, aussi bien pour les récompenser que pour leur marquer notre désapprobation quand ils ont mal agi. En réalité, ce qui est certain c'est qu'un chien apprend à associer le signal que nous lui transmettons au comportement qu'il doit adopter, suivi de la réponse que nous fournissons : par exemple, il peut associer le mot « viens »

Chiots appartenant à l'élevage High Hopes. Propr. et photo C. Sonnet

à l'action de se rapprocher de nous et au fait de recevoir en récompense une petite friandise. Il peut relier également le mot « assis » à l'action de s'asseoir devant nous et au fait de recevoir juste après une caresse accompagnée du compliment « bien ! ». Enfin, il peut associer l'ordre « va-t-en » à l'interdiction de monter sur un canapé, suivi d'un « non ! » sec de désapprobation.
C'est grâce à de telles associations que s'instaure ce que l'on appelle « l'apprentissage par conditionnement ». Le chien apprend réellement qu'il y a une relation entre un signal sonore donné, sa réaction et ce qui en découle, surtout s'il s'agit d'une récompense.
Le mot-signal qui correspond à chaque message que nous voulons lui transmettre peut être de n'importe quel type. Ce qui est important, c'est que pour chaque message, on utilise toujours le même mot, prononcé sur le même ton et accompagné des mêmes gestes. Autrement, notre compagnon « serait perdu » et il ne faudrait pas s'attendre à ce qu'il obéisse à des signaux qui, bien que différents, signifient pourtant la même chose !

Quand le chien aboie sans raison

Il arrive fréquemment qu'un chien nous assourdisse en aboyant sans

Ch. It. Int. Polar Markens Norm. Propr. et photo C. Selberg

Ch. It. Soc. Lawnwood's Wisteria. Prod. Satterwhaite, propr. élevage Chiaroscuro (photo Pandolfi)

cesse. On entend également des propriétaires de chien sur les nerfs affirmer : « Je ne sais plus quoi lui donner et quoi lui dire pour qu'il arrête d'aboyer ». Cependant, si l'on considère que l'aboiement est précisément un système de communication, il est logique que l'attention qu'on lui prête, ainsi que la réponse immédiate que l'on apporte à son message, non seulement ne l'arrête pas, mais provoque même son amplification !
C'est donc au propriétaire du chien de faire la distinction entre l'aboiement « normal » et celui qui est énervant, inutile ou gênant : il doit prêter attention au premier et ignorer le second. Le chien pourra ainsi se rendre compte si son système de communication est approuvé ou non. Par exemple : s'il aboie avec insistance après vous avoir rapporté sa balle, il ne faut pas vous imaginer qu'il s'arrêtera si vous le faites jouer, parce qu'il vous la rapportera rapidement et recommencera à aboyer. Si vous lui apprenez au contraire à obéir à un ordre qui le fasse rester silencieux, alors vous pourrez, en guise de récompense, lui lancer la balle et le faire jouer !

Les signaux olfactifs et le marquage du territoire

Pourquoi n'arrête-t-il pas de faire pipi ?
Si vous possédez un chien mâle, vous aurez sans aucun doute pu remarquer que, pendant sa promenade quotidienne, il se dépêche de « marquer » de son urine tous les objets verticaux présents : arbres, roues de voitures, coins d'immeubles, etc. Cela se produit s'il est en présence d'autres chiens mâles ou de femelles en chaleur, surtout si vous vous rendez dans un endroit

qu'il ne connaît pas. Votre chien signale ainsi aux autres qu'il est présent dans ce lieu et que, éventuellement, il est prêt à s'accoupler avec une femelle disponible.

Son message olfactif est transmis grâce à des glandes particulières qui exhalent des odeurs qui passent par l'urine, les selles et la salive ; pendant les périodes de

QUELQUES RÈGLES DE COMMUNICATION AVEC LE CHIEN

• Le chien est un animal « social ». Ses comportements, qui évoluent en passant du chiot à l'âge adulte, sont déterminés aussi bien par les caractéristiques de son espèce et de sa race, que par le milieu dans lequel il vit. Pour que cet animal reçoive une bonne éducation et soit équilibré, il est donc important de commencer à communiquer avec lui et d'essayer de comprendre ses messages alors qu'il n'est encore qu'un chiot : c'est surtout pendant cette période de sa vie qu'il montre les meilleures dispositions à l'apprentissage.
• Si vous souhaitez « soumettre » le chiot ou l'adulte (il faut que vous ayez d'abord établi votre « domination » sur lui), prenez-le par la peau du cou, comme le fait la chienne avec ses petits.
• Regarder un chien droit dans les yeux est un signe de défi.
• Certaines stimulations particulières, comme un chapeau, un uniforme, une tenue de travail, la blouse du vétérinaire ou d'autres vêtements qui sortent de l'ordinaire, peuvent provoquer chez le chien qui n'y est pas habitué des réactions de recul ou, parfois, d'agressivité.
• Il peut arriver que le chien réagisse négativement à des stimulations apparemment neutres, tout du moins à nos yeux. En général, cela se produit quand l'animal associe ces stimulations à des expériences particulièrement négatives ou traumatisantes qu'il a vécues précédemment.
• On ne doit jamais s'approcher d'un chien que l'on ne connaît pas en levant les bras, en gesticulant vivement ou en tapant des pieds.
• Tous les ordres d'obéissance doivent toujours être accompagnés du même message sonore et visuel. Si plusieurs personnes d'une même famille s'adressent au chien, il est important que toutes utilisent les mêmes signaux et qu'elles réagissent de la même façon devant son comportement.
• Des récompenses ou des réprimandes (pas de punitions trop brutales !) ne sont efficaces que si elles viennent immédiatement *après l'action de l'animal, mais pas si elles sont données quelques heures ou même quelques minutes seulement après.*
• La communication entre un enfant et un chien est le plus souvent immédiate et réciproque. Il est toutefois conseillé de surveiller, surtout au début, la façon dont ils entrent en contact, afin d'éviter d'éventuels malentendus.

Freedom. Elev. M. Parenti. Propr. et photo E. Antognaccetti

chaleurs, le chien émet également ce que l'on appelle des phéromones, c'est-à-dire des sécrétions à l'odeur particulière qui signalent aux autres chiens qu'il est disponible pour l'accouplement. Le marquage du territoire est plus intense chez les animaux « dominants » : ils entendent ainsi s'imposer devant les autres chiens soumis, surtout s'ils sont du même sexe qu'eux.
Ce type de comportement peut être atténué en partie après une castration. Le fait de creuser des trous dans le sol représente également un moyen fréquent de marquer son territoire.

Quand le chien salit la maison

Ce comportement ennuyeux est caractéristique du chiot qui arrive dans une maison. Ce phénomène se fait de plus en plus rare et disparaît même quand le chien, après avoir reçu une éducation correcte de la part de son maître, a appris qu'il n'a le droit de salir que l'extérieur de la maison. Si un tel comportement se prolonge, c'est qu'il s'agit d'un état pathologique (le chien est malade et ne parvient pas à se retenir), que son éducation n'a pas été bonne, ou encore qu'il souffre d'une forme de trouble du comportement. On connaît par exemple le syndrome de l'abandon, où l'on constate que le chien ne salit la maison que quand il est laissé seul. La « miction de soumission » est un phénomène particulier : après avoir été laissé seul pendant une grande partie de la journée, le chien urine peu ou beaucoup quand son maître rentre. Cela se produit également quand il est réprimandé, même seulement par la parole, ou quand il est particulièrement agité. Cela démontre un caractère émotif, que l'on ne peut pratiquement jamais corriger par des punitions. Comme dans les situations précédentes et dans tous les problèmes comportementaux, il est fondamental d'essayer de comprendre les causes profondes du trouble du chien.

Une fois que l'on est certain que le malaise du chien ne provient pas d'une maladie organique quelconque, on peut intervenir par une méthode appropriée afin de modifier de façon durable et définitive son comportement maladif.

Baloo (issu de Sherida Viceroy et de Brenda). Prod., propr. et photo E. Santucci

La reproduction

par le professeur L. G. Cavalchini
et le docteur C. Cristofalo

L'accouplement

Tout ce qui touche à l'accouplement des chiens nécessite beaucoup de soins. On doit s'appuyer sur des connaissances scientifiques élémentaires qui résultent d'une préparation correcte et d'une bonne expérience.

Si l'on estime que l'on n'est pas suffisamment bien préparé, il faut demander conseil à des éleveurs d'expérience qui présentent toutes les garanties de sérieux. Il est non seulement nécessaire de bien observer les deux partenaires, mais également de connaître leur généalogie et les résultats des accouplements précédents.

Les reproducteurs doivent avant tout être en bonne santé et ne pas souffrir d'anomalies héréditaires (dysplasie de la hanche, cryptorchidie, ectropion, entropion, surdité, cécité, atrophie progressive de la rétine, etc.). Ces sujets doivent en outre présenter de bonnes caractéristiques morphologiques ainsi qu'un caractère franc et bien équilibré.

La gestation, la mise bas et, surtout, la naissance et le sevrage des petits, sont toujours des expériences émouvantes et agréables, mais demandent également des sacrifices, beaucoup de temps, ainsi qu'un endroit adapté. En outre, il est nécessaire de savoir à l'avance à qui, ou par l'intermédiaire de quel canal, on pourra céder les chiots sevrés.

Le chien est une espèce « monoœstrale », pour laquelle la période des chaleurs et l'ovulation se mani-

Moonshine et sa première portée. Prod. L. Ginoulhiac, propr. G. et M. Asti (photo M. Arizzi)

festent en moyenne tous les six mois. On observe cependant de grandes variations (entre cinq et douze mois) selon les individus et la saison. Les canidés sauvages ne connaissent par exemple qu'une seule période de chaleurs dans l'année.
Les premières chaleurs apparaissent normalement entre huit et douze mois, mais il est conseillé de n'accoupler la chienne qu'à partir des deuxième ou troisième chaleurs. En effet, vers l'âge d'un an, l'organisme n'a pas encore terminé sa croissance et une gestation prématurée risquerait de compromettre le développement physique de la chienne.

Les chaleurs se manifestent pendant toute la vie de la femelle, y compris pendant la vieillesse : elle ne connaît donc pas la ménopause.
Il est conseillé de ne pas accoupler une chienne à chaque période de chaleurs, mais en alternance, afin de laisser passer suffisamment de temps entre deux gestations. Il est également recommandé d'arrêter les accouplements quand la chienne a atteint l'âge de sept ou huit ans.
Les différents stades physiologiques du cycle reproductif sont influencés par des variations hormonales complexes.
La femelle n'est prête à s'accoupler que pendant la période de rut et

plus précisément entre le dixième et le quatorzième jour. Il existe toutefois des femelles qui acceptent le mâle pendant plusieurs jours et d'autres durant un jour seulement, voire moins. Le plus souvent, la femelle refuse le mâle une fois que la fécondation s'est produite. L'examen microscopique d'un frottis vaginal, ou encore l'analyse du taux de progestérone dans le sang, permet de déterminer la meilleure période pour l'accouplement.
Les mâles atteignent également leur maturité sexuelle entre huit et douze mois, mais il est conseillé de ne les accoupler que quand ils sont âgés de plus d'un an. Ils sont attirés par l'odeur émise par les femelles, qu'ils peuvent d'ailleurs percevoir à de très grandes distances.
Un mâle est fécond pendant toute sa vie, s'il est actif. Cependant, si un chien ne s'est jamais accouplé avant l'âge de quatre ou cinq ans, il aura ensuite beaucoup de mal à se reproduire.

Comment se déroule l'accouplement ?

En général, c'est le mâle qui est conduit chez la femelle au moment où celle-ci accepte d'être saillie. En dehors des examens de laboratoire, on peut déterminer le meilleur moment pour l'accouplement en observant le comportement de la femelle : quand elle est prête à recevoir le mâle, elle déplace sa queue de côté, notam-

COMMENT RECONNAÎTRE LES CHALEURS

- *Elles durent environ trois semaines mais on constate beaucoup de variations d'un individu à l'autre.*
- *Le comportement de la chienne change : elle devient nerveuse et irritable ; elle essaie fréquemment de s'enfuir et de contourner les obstacles pour rechercher un mâle.*
- *Elle joue volontiers avec d'autres chiens, aussi bien mâles que femelles, et également avec son maître, en simulant une position de saillie.*
- *Elle urine très fréquemment, mais seulement quelques gouttes et, souvent, lève une de ses pattes postérieures à la manière d'un mâle.*
- *Sa vulve grossit et la chienne se lèche fréquemment.*
- *On peut observer de légères pertes vaginales sanguinolentes pendant les neuf ou dix premiers jours des chaleurs.*
- *L'ovulation se produit entre le dixième et le quatorzième jour et la femelle accepte alors le mâle.*
- *Il existe cependant de grandes variations entre les individus.*

Les Golden ont souvent des portées nombreuses. Brenda et ses chiots (obtenus avec Sherida Viceroy). Prod. et photo E. Santucci

ment si on lui touche le dos. Certaines femelles sont calmes, même en présence de mâles qu'elles ne connaissent pas, tandis que d'autres sont plus nerveuses et ont besoin de faire les « présentations ».

La phase préliminaire est marquée par une cour et des jeux rituels. Les deux chiens se reniflent et se lèchent jusqu'à ce que la femelle laisse le mâle monter sur sa croupe (saillie) et permette l'union (copulation). Certaines fois, la femelle n'accepte pas le mâle et le refuse même de façon énergique et agressive : cela est souvent dû à un mauvais choix de la période mais peut, parfois, être lié à un comportement exceptionnel de la femelle.

Chez les jeunes sujets, il peut arriver que le mâle ait besoin d'être aidé et la femelle retenue. Il est cependant toujours préférable de laisser aux deux chiens le temps nécessaire pour pratiquer une saillie naturelle.

Pendant la saillie, le pénis en érection pénètre dans le vagin ; peu après, le mâle se dégage, mais ensuite, il effectue une rotation et ne peut plus se détacher, en raison d'une particularité anatomique. Son pénis se tord d'environ 180 degrés et les deux chiens restent tournés croupe à croupe, pendant une période de quinze à vingt minutes, qui peut cependant varier de cinq à quarante-cinq minutes.

C'est durant cette deuxième

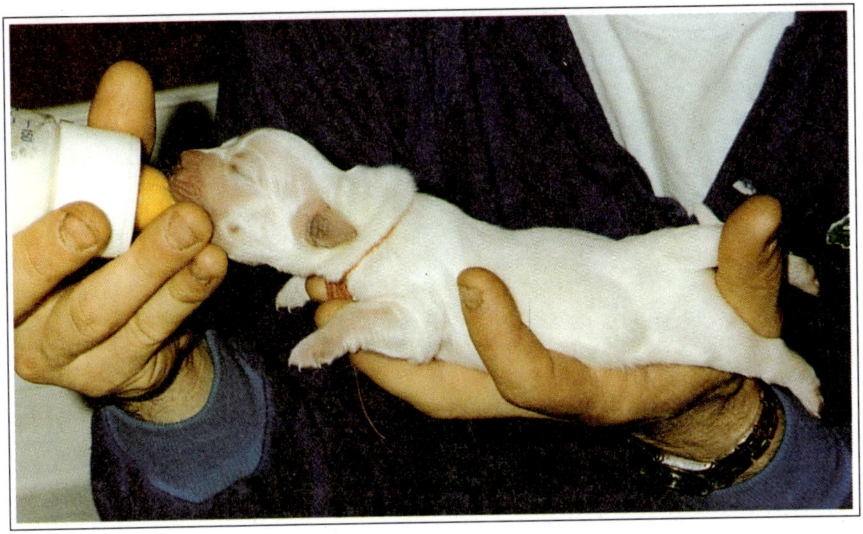

Quand la portée est nombreuse et que la mère n'a pas assez de lait, il faut compléter le repas des petits avec du lait pour chiots (photo A. Pandolfi)

phase que le liquide prostatique est éjaculé. Le volume du pénis diminue ensuite et les deux sujets se détachent. Il est important de ne pas séparer violemment les deux chiens pendant cette phase, parce que l'on pourrait provoquer de graves lésions à leurs organes génitaux. Il est donc nécessaire que deux personnes assistent à la saillie et se tiennent prêtes à retenir les deux sujets pour éviter une séparation trop brutale.

On conseille d'effectuer deux ou trois accouplements espacés de vingt-quatre à quarante-huit heures. Si les deux chiens ne parviennent pas à s'accoupler, on peut recourir à la fécondation artificielle.

La gestation

La gestation dure en moyenne entre soixante et soixante-trois jours, avec de grandes variations : en effet, on ne connaît pas le moment précis de la fécondation des ovules, étant donné que les spermatozoïdes peuvent rester vivants et actifs dans l'utérus pendant une période assez longue.

On a ainsi déjà relevé des durées de gestation qui variaient de cinquante-sept à soixante-douze jours. Il est d'ailleurs toujours conseillé de relever les dates d'accouplements. Les variations hormonales sont les plus faibles pendant la période qui va du maximum de L.H. sécrétée (hor-

UN ACCOUPLEMENT MALENCONTREUX PEUT-IL SE RÉPERCUTER SUR LES PORTÉES FUTURES ?

Cette théorie, qui prend le nom de télégonie, était défendue au début de ce siècle, mais est à présent totalement réfutée, grâce aux connaissances biologiques actuelles. Selon cette théorie, une chienne qui se serait malencontreusement laissée « séduire » par un bâtard en ressentirait les effets négatifs sur ses portées suivantes. Il n'y a aucune raison de s'inquiéter : toutes les gestations et les portées qui en résultent ne sont influencées que par les deux protagonistes de cet accouplement. Il y a malheureusement encore aujourd'hui des gens qui croient à la télégonie.

mone progestative), observable deux jours environ avant l'ovulation, à la mise bas. Cette période dure entre soixante-quatre et soixante-six jours.

Chez le chien, la fécondation de l'ovule ne se produit pas juste au moment de l'ovulation, mais seulement après une période de maturation de l'œuf qui dure deux à trois jours.

Pendant le premier mois de gestation, la femelle ne montre aucun signe particulier car c'est au cours du deuxième mois que l'on peut noter un grossissement progressif de son abdomen.

La femelle en gestation a besoin d'exercice physique et donc d'au moins une promenade quotidienne. Il faut cependant éviter les efforts excessifs et les sauts.

Pendant le deuxième mois, son régime doit être amélioré et le nombre de repas quotidiens pas-

EST-CE QUE DES CHIOTS APPARTENANT À UNE MÊME PORTÉE PEUVENT PROVENIR DE PÈRES DIFFÉRENTS ?

Il peut arriver qu'une chienne soit fécondée par deux ou plusieurs étalons pendant les mêmes chaleurs. En effet, il est physiologiquement possible que quelques ovules soient fécondés par les spermatozoïdes d'un mâle et que d'autres le soient par un autre mâle : en effet, les spermatozoïdes restent vivants et actifs assez longtemps dans l'appareil génital de la femelle. Ce phénomène est tout de même assez rare et, quoi qu'il en soit, chaque ovule ne peut être fécondé que par un seul spermatozoïde. Il faut cependant faire attention, y compris après l'accouplement, et surveiller la chienne pour éviter les rencontres malencontreuses.

PLUSIEURS ACCOUPLEMENTS RAPPROCHÉS PEUVENT-ILS NUIRE À LA CHIENNE ?

Certaines personnes soutiennent, à tort, que si une femelle s'accouple plusieurs fois à distance rapprochée, elle peut avoir des ovules fécondés à des moments différents. Cela provoquerait la naissance de quelques chiots à terme et également de prématurés. Cette croyance n'a pas de fondements biologiques puisque l'ovulation est provoquée par des stimulations hormonales précises et survient dans un temps assez bref.
Chez les canidés sauvages, il est naturel que les accouplements se répètent plusieurs fois, tant que la femelle accepte le mâle ; il n'y a donc aucune raison pour que cela puisse nuire à la gestation normale de nos chiens. C'est même en répétant l'accouplement plusieurs fois, à distance de vingt-quatre à quarante-huit heures, que l'on augmente les chances de fécondation.

ser à deux, en veillant cependant à ce que la chienne ne prenne pas trop de poids. Une semaine avant l'événement attendu, il faut préparer une caisse pour la mise bas, dans un endroit calme et isolé.

Les chiots doivent êtres tenus au chaud, surtout pendant leurs dix premiers jours de vie. Chiot de l'élevage High Hopes. Propr. et photo C. Sonnet

La mise bas ou parturition

Quand le terme de la gestation approche, la femelle est en général agitée ; il arrive même qu'elle creuse pour se fabriquer une « couche ». La veille de la mise bas, elle ne mange pas et sa température rectale baisse d'environ un degré pendant les douze à vingt-quatre heures qui précèdent cet événement. Il est donc recommandé de prendre la température de la chienne pendant quelques jours, toujours à la même heure et de la reporter par écrit.
Il est important que la chienne sache où elle va mettre bas. Il faut mettre à sa disposition, dans un en-

droit isolé mais qui lui est familier, une caisse pour la mise bas, généralement en bois, dont les dimensions dépendent de celles de la chienne. En général, pour un chien de petite taille, il faut prévoir une caisse de 100 x 80 cm, avec des rebords de 40-50 cm. On peut également installer une balustrade à environ 20 cm de hauteur, pour éviter que la mère n'écrase ses petits. On peut fixer de la moquette sur le fond de la caisse, mais il faut la changer fréquemment. Si le local n'est pas chauffé, il est recommandé, pendant l'hiver, d'installer une lampe à rayons infrarouges au-dessus de la caisse, en veillant cependant à ce qu'elle ne chauffe pas trop. Pendant la parturition, il faut laisser la chienne tranquille. En général, elle fait tout elle-même et n'a pas besoin de notre intervention, mais il est toutefois préférable de la surveiller.

Les chiots se présentent habituellement par la tête, les membres antérieurs tendus vers l'avant ; les petits peuvent cependant naître par les pieds, sans que cela complique la mise bas. La naissance s'annonce plus difficile si une ou deux pattes et la tête apparaissent séparément. Il ne faut surtout pas tirer le chiot parce que ses tissus sont encore fragiles et risqueraient de se déchirer. Il suffit d'accompagner avec délicatesse les contractions que la mère effectue à intervalles réguliers. La femelle peut avoir quelques difficultés à expulser le premier chiot, surtout s'il s'agit de sa première mise bas et qu'elle est âgée de plus de trois ans : cette première expulsion dure parfois une heure.

Chaque nouveau-né est enveloppé dans une membrane transparente (poche amniotique) que la chienne déchire aussitôt après la mise bas (elle peut également se déchirer

DIAGNOSTIC DE GESTATION

• Il s'effectue entre le vingtième et le vingt-cinquième jour suivant l'accouplement, grâce à une palpation abdominale. Le risque d'erreur est élevé et dépend des dimensions de l'animal, de la présence ou non de graisse et de la possibilité de palper son abdomen.

• Vingt à vingt-cinq jours après l'accouplement, une échographie permet de découvrir la formation d'embryons et le battement cardiaque des fœtus.

• Quarante-six à cinquante jours après l'accouplement, une radio permet d'identifier les centres d'ossification des fœtus.

• Il n'existe pas de tests rapides, comme pour d'autres espèces.

Jusqu'à trois ou quatre semaines, c'est la mère qui se charge entièrement de ses petits, pour l'alimentation comme pour la propreté. Prod. L. Ginoulhiac (photo M. Arizzi)

pendant la parturition), puis qu'elle ingère. La mère lèche ensuite ses chiots pour stimuler leur respiration, après leur avoir coupé le cordon ombilical avec les dents, en le rongeant à hauteur de l'abdomen. Elle les pousse ensuite vers la mamelle la plus proche. Le

LA MISE BAS EST PROCHE

• Une ou deux semaines avant la mise bas, les mamelles gonflent ; la sécrétion lactée peut commencer dès cette date ou bien n'avoir lieu que la veille de la mise bas.
• Deux ou trois jours avant, la chienne est plus calme, a tendance à s'isoler et à manger moins.
• Douze à vingt-quatre heures avant, la température rectale baisse d'environ 1 °C. La musculature pelvienne et abdominale de la chienne se détend. Elle boit mais ne mange pas.
• Douze à vingt-quatre heures avant, la respiration devient plus rapide, la chienne creuse fébrilement, ronge et déchire sa couverture : elle se prépare une couche pour mettre bas.

placenta peut être rattaché au cordon ombilical au moment où il est expulsé, ou bien rejeté cinq à dix minutes après la naissance d'un chiot : c'est la mère qui se charge de l'avaler. Deux à trois heures séparent généralement la naissance de deux chiots. Cet intervalle concerne plus particulièrement les deux premiers, puis il diminue ensuite.
Si la chienne est stressée, le dernier chiot peut sortir dix-huit heures après le début de la mise bas. Autrement, la durée de la parturition varie, selon le nombre de chiots et d'autres facteurs liés à la mère, de quatre à huit heures. Elle peut se prolonger pendant vingt-quatre heures sans qu'il y ait de complications. Quoi qu'il en soit, si la mise bas dure plus de huit heures, il est conseillé d'appeler un vétérinaire.
Pendant la mise bas, les pertes sont abondantes, de couleur vert foncé avec des traces rougeâtres.

Scott à l'âge de quatre mois. Prod. L. Ginoulhiac, propr. et photo Albertini

Les premières « bouillies ». Prod. et photo E. Santucci

Leur odeur est intense mais non nauséabonde.
Si, au contraire, les pertes sont jaunâtres, purulentes ou nauséabondes, c'est qu'il s'agit peut-être d'une infection de l'utérus qui fait courir un grave danger à la mère et à ses petits.
Des pertes verdâtres peuvent également précéder de quelques heures la mise bas du premier chiot : elles proviennent de l'écoulement de sang stagnant, produit par de petits hématomes dus au détachement du placenta. En cas de difficulté, on peut recourir à la césarienne, effectuée par le vétérinaire sous anesthésie générale.
Vingt-quatre heures après la mise bas, il faut que la chienne soit examinée par un vétérinaire, notamment en cas de hausse brutale de la température.
Il est également important de vérifier que l'utérus subit un processus régressif normal. En effet, au cours des jours qui suivent la mise bas, l'utérus se rétrécit et expulse les membranes et les caillots.
Si ce phénomène se prolonge, ou si l'on note une odeur de putréfaction, il faut consulter un vétérinaire. Quelques jours après la parturition, la chienne peut souffrir d'une forme de tétanie due à une carence en calcium, en raison du grand nombre de chiots mis au monde : le calcium s'accumule en effet dans le lait qu'elle a produit (éclampsie).
Après la parturition, la femelle reste longtemps dans sa niche et il n'est pas facile de l'en éloigner. Il faut être très attentif parce qu'elle pourrait alors se montrer agressive envers les personnes étrangères et les autres chiens : en effet, son instinct la pousse à défendre sa progéniture.
L'allaitement dure environ quarante à cinquante jours, jusqu'au sevrage. Cependant, on peut soulager la chienne dès le vingt-vingt cinquième jour en donnant aux chiots un complément de nourriture. Pendant la lactation, il faut contrôler que les mamelons ne soient pas douloureux et qu'ils donnent tous du lait.

La grossesse nerveuse

Cette pathologie est assez fréquente et se déclare même parfois chez des chiennes « normales ». Les symptômes apparaissent deux mois après les dernières chaleurs et sont semblables à ceux d'une chienne en gestation : faim, soif, vomissements, agitation et parfois gonflement abdominal. La lactation apparaît au dernier stade et entraîne des problèmes de mastite : il n'y a en effet aucun chiot pour téter le lait.
L'origine de la grossesse nerveuse semble être liée à la production de progestérone.

Le choix du chiot

Pourquoi choisir un Golden Retriever

L'aspect extérieur d'un chien joue un rôle important dans le choix d'une race. C'est d'ailleurs, sans aucun doute, ce point qui séduit le plus chez un Golden. Sa robe, d'une couleur magnifique, attire autant l'attention que son aspect presque royal. Je suis pour ma part convaincue que c'est surtout le regard et l'expression qui frappent le plus chez ce chien. Le Golden exprime la sympathie et la douceur ; son regard est intelligent et on a l'impression qu'il nous parle avec ses yeux.
Il est très facile, pour quelqu'un qui n'a jamais eu de chien, de s'occuper d'un Golden Retriever : c'est en effet un chien extrêmement docile et obéissant. Il s'adapte facilement à toutes les situations et peut donc accompagner son maître n'importe où ; plus généralement, il apporte plus de plaisir que d'inconvénients.
Les Golden sont le plus souvent des chiens robustes qui peuvent supporter les climats froids. Ils ne connaissent pas de problèmes de santé particuliers, à l'exception de certaines maladies spécifiques à cette race, dont je parlerai un peu plus loin. En outre, bien que ce soit des chiens à poils longs, leur robe ne nécessite pas de soins spéciaux. Les Golden sont vifs et joueurs quand ils sont stimulés, mais ils montrent une patience incroyable quand ils sont obligés de rester immobiles.
Même si mon jugement est un peu partial, je pense néanmoins que le Golden Retriever possède toutes les qualités que l'on attend d'un bon chien.

Quand on achète un Golden il faut être conscient des nouvelles responsabilités que l'on prend à l'égard de ce chien. Il sera votre fidèle compagnon pendant plusieurs années et cela risque d'influencer vos futurs déplacements et voyages, vos relations et peut-être même vous obliger à déménager.
Quand on achète un chiot, il faut être certain de pouvoir s'en occuper le mieux possible jusqu'à ce qu'il grandisse ; il faudra ensuite continuer à lui assurer une vie agréable.
Si les autres membres de votre famille ne veulent pas de ce chien, ne leur imposez pas à tout prix votre choix, parce que votre animal ne serait pas heureux.
Il faut que vous soyez prêt à consacrer une grande partie de votre temps libre à votre chien, qui a besoin d'attentions et de soins quotidiens.
Si vous avez déjà eu un chien, ces recommandations sont inutiles parce que vous savez déjà ce que représente l'acquisition d'un compagnon à quatre pattes.
Si, au contraire, vous savez peu de choses sur ce sujet, prenez le temps de bien vous informer avant de prendre une décision.
En effet, je me souviens parfaitement du premier choc que j'ai ressenti quand j'ai eu mon premier chiot. J'étais alors étudiante et je vivais dans un appartement. J'avais beaucoup attendu ce moment et je croyais m'y être bien préparée.
J'avais acheté tout ce que conseillent habituellement les ouvrages spécialisés et je m'attendais à revenir chez moi avec une tendre créature tremblante et apeurée, qui irait aussitôt se cacher dans un recoin. Je lui avais préparé son coin, disposé des journaux pour ses besoins et acheté sa gamelle et son petit collier. Je craignais cepen-

Le Golden reste toujours un peu chiot (photo Pandolfi)

Venus Gentrix of Bryndafydd et sa fille Selena. Prop. Valeriani (photo Timparano)

dant que ma petite chienne ne subisse un traumatisme en arrivant dans un endroit où vivaient plein de gens (je vivais avec trois autres étudiantes et il y avait toujours beaucoup de monde dans l'appartement). Quand je suis arrivée avec mon Golden, j'ai ouvert la porte de mon appartement en espérant ne pas y trouver trop d'agitation ; à ma grande surprise, ma petite chienne s'est jetée dans la pièce et s'est mise immédiatement à explorer son nouveau territoire. Cinq minutes plus tard, elle était déjà couchée sur le canapé, en train de ronger une chaussure qu'elle avait trouvée je ne sais où. Quand mes camarades sont rentrées dans la soirée, cette « timide créature » leur a fait fête comme si elle les connaissait depuis toujours, malgré leur nombre et les cris qu'elles ont poussés en la voyant. Mes amies lui firent toutes bon accueil mais, le lendemain matin, elles voyaient déjà les choses autrement. En effet, ma petite chienne avait littéralement jonché le sol du couloir de « mares » et d'autres « surprises » et avait traîné un peu partout des objets de toutes sortes. J'ai compris ce jour-là que ma vie devait changer radicalement. J'ai adapté mes horaires aux besoins physiologiques de Maple : on pouvait donc me rencontrer à six heures du matin, à minuit, ainsi qu'à plusieurs autres moments de la journée, dans les squares situés près de chez moi. Je suis devenue ordonnée par la force des choses, pour éviter que mon chiot ne mange tous les objets que je laissais traîner. J'ai également été obligée de renoncer à une grande partie de mon temps libre et même à prendre quelques heures sur mes études pour pouvoir m'occuper de ma chienne. Certains aspects de cette question ne sont pas dans les livres : les contraintes, la patience, les sacrifices nécessaires, ainsi que les rapports difficiles avec les gens, qui ne comprennent pas toujours pourquoi on a choisi ce « casse-pieds », en le payant en plus une certaine somme.

Les livres ne parlent pas non plus de la joie d'être réveillé par un coup de langue affectueux sur le visage, ou encore de la satisfaction que l'on éprouve quand, pour la première fois, son chiot apprend à s'asseoir ou à faire ses besoins au bon endroit. Ils ne parlent pas non plus beaucoup du plaisir de le voir jouer et de jouer avec lui, de lui enseigner à répondre quand on l'appelle, à attendre son repas assis ou encore à rapporter quelque chose. Il serait également difficile d'exprimer avec des mots le bonheur que l'on éprouve quand on revient chez soi après cinq minutes d'absence et que l'on est ac-

Kind Feline of High Hopes. Prod. et photo C. Sonnet

Maple (issue de Sherida Viceroy et de Bumpity Bump du Pontiac) (photo L. Ginoulhiac)

cueilli comme si on était parti pendant un mois. Toutes les tensions, la nervosité et les colères disparaissent aussitôt après une promenade avec son chien ; de même, on se sent moins seul dans les moments difficiles. Finalement, si on devait peser le pour et le contre, on peut facilement comprendre que ce que l'on donne à notre chien n'est rien comparativement à ce que l'on en reçoit.

Les critères de choix

Il est sans aucun doute très difficile de définir des règles générales sur la façon de choisir son futur chien. La première question à se poser concerne l'activité à laquelle on le destine.
Les critères de choix varient, en effet, selon que l'on désire un chien d'exposition plutôt qu'un reproducteur, un chien de chasse ou un chien remplissant d'autres fonctions, ou encore, plus simplement, un chien de compagnie. Dans les deux premiers cas, il faut évidemment prêter beaucoup d'attention à ses caractères morphologiques et esthétiques ; dans les autres cas, il faut privilégier la sélection du caractère.
Un chiot acheté comme chien de compagnie doit satisfaire à deux critères de base : être en bonne santé et avoir bon caractère. Ensuite, une des questions à vous poser concerne naturellement le sexe du chien. Beaucoup de gens pensent qu'il faut privilégier le sexe qui, d'après eux, pose le moins de problèmes par rapport à la reproduction.
Le fait que la femelle connaisse des chaleurs tous les six mois et l'idée préconçue selon laquelle chaque chienne doit nécessairement avoir au moins une portée dans sa vie, sont à l'origine d'une préférence

Lequel choisir ? De superbes chiots appartenant à l'élevage Chiaroscuro (photo Pandolfi)

OÙ ACHETER SON CHIEN ?

Avant d'acheter un chiot, il faut vous documenter soigneusement sur sa race, afin de connaître le plus de choses possibles sur ses caractéristiques. En ce qui concerne les Golden, vous pouvez vous renseigner auprès de la SCC, qui vous fournira tous les renseignements nécessaires.
Vous obtiendrez ainsi la liste des éleveurs reconnus qui vous donneront toutes les garanties de sérieux.
Si vous avez l'intention d'acheter votre chiot dans un magasin d'animaux, assurez-vous avant tout de sa provenance, une fois que vous savez quel type d'achat vous désirez effectuer.
Relevez toujours le pedigree du chien, en faisant attention à ce qu'il soit bien reconnu par la FCI.
Enfin, assurez-vous que le chiot ait un carnet de santé dans lequel figurent ses vaccinations, authentifiées par la signature d'un vétérinaire.

généralisée pour le mâle. En réalité, en dehors de ces petits inconvénients, d'ailleurs faciles à surmonter, la femelle présente également de nombreux aspects positifs.
En général, elle est plus douce et plus calme que le mâle et souvent plus obéissante ; ses dimensions, souvent inférieures à celles du mâle, la prédisposent davantage à jouer avec des enfants.
Normalement, les mâles sont plus exubérants et, une fois adultes, ils peuvent être impliqués dans des conflits avec d'autres mâles.
Quoi qu'il en soit, il est toujours très difficile de généraliser. Si vous choisissez une femelle très vivante ou, au contraire, un mâle tranquille, vous pouvez inverser les deux descriptions que je viens de vous présenter.
Une fois votre décision prise, il vous faudra choisir un de ses représentants.
Vous vous rendrez compte alors que ce choix n'est pas simple à effectuer, parce que vous aurez l'im-

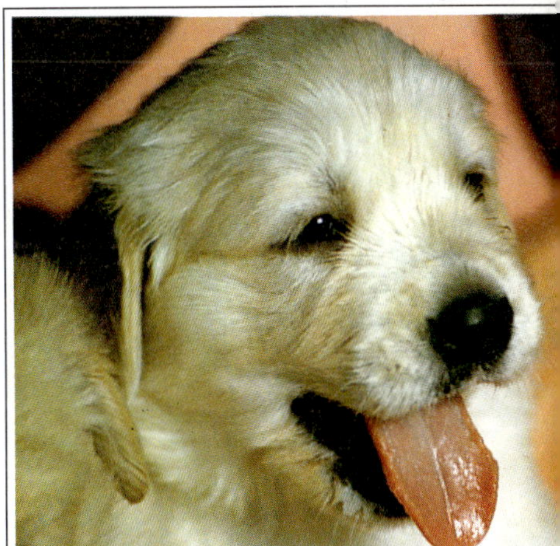

Chiot d'un mois. Dès cet âge, on peut rendre une première visite à l'élevage (photo L. Ginoulhiac)

Chiot de trente-cinq jours. Les petits montrent déjà leur caractère. Prod. L. Ginoulhiac (photo M. Arizzi)

LES DEUX SEXES

Chez le Golden Retriever plus que chez d'autres races, votre choix peut être influencé par la grande différence d'aspect qui existe entre le mâle et la femelle. Le mâle est non seulement plus grand, mais il présente également un poil beaucoup plus long que celui de la femelle.
Il est indéniable que, par rapport à la femelle plus frêle, le Golden mâle offre un aspect majestueux, presque royal.
La femelle du Golden est souvent prise pour un Labrador par les néophytes, parce que son poil est moins long que celui du mâle.

pression que tous les chiots se ressemblent : ils sont tous si beaux que vous aurez du mal à prendre votre décision.
Un chiot de Golden doit être dodu, rond, pas trop mince, mais pas trop gras non plus. Ses yeux doivent être propres et brillants, sa truffe humide et dépourvue de croûtes et d'écoulements. Il faut également que ses oreilles soient propres.
A leur âge, les chiots ont une odeur caractéristique qui ne doit jamais être désagréable. Leur peau doit être rose et entière, sans rougeurs ni zones dépourvues de poils. Il faut que leur robe « d'ours en peluche » soit toujours douce et propre.
Au moment du choix, il est également important de se renseigner sur la façon dont la portée a été élevée, aussi bien du point de vue sanitaire que de celui de leur socialisation.
Le chiot doit évoluer dans un environnement sain et il doit posséder une niche bien construite, solide et facile à nettoyer. Il faut qu'il puisse sortir pendant la belle saison. En outre, le contact avec sa mère et avec l'homme est primordial, pour éviter un isolement excessif.
Il existe des tests particuliers qui donnent une idée du caractère du chiot. Ceux-ci permettent de mettre en évidence la forte ou la faible dominance sociale qu'exercent les chiots. Si ces tests ne sont pas infaillibles, ils n'en fournissent pas moins une première indication sur la « personnalité » de l'animal.

Une « salle d'accouchement » chaude et confortable pour les petits de Ladydoondug Madge. Prod. L. Nobile (photo C. Selberg)

Dans tous les cas, il est toujours recommandé de demander conseil à l'éleveur : il pourra non seulement vous indiquer quel type de chien est adapté aux exigences d'une famille ou d'une personne seule, d'une personne jeune ou d'une personne âgée, mais également vous donner des informations sur tous ses chiots, puisqu'il les a vus naître et grandir jour après jour.

Un bon éleveur doit suivre la croissance des petits et parvenir, normalement, à les distinguer les uns des autres grâce à de petites différences qui sont imperceptibles pour celui qui les voit pour la première fois.

Si vous n'avez jamais eu de chien, il est préférable de demander à l'éleveur un chiot qui ne soit pas trop dominant, parce qu'il sera sans aucun doute plus docile et plus facile à dresser. Toutefois, les chiots de Golden ne doivent jamais se montrer timides. Généralement, une timidité excessive chez ces chiens laisse présager de futurs problèmes caractériels.

Normalement, si la portée a été élevée au contact de l'homme, on ne doit pas rencontrer de problèmes de ce type : en effet, les petits sont habitués au contact humain, dès leur plus jeune âge, c'est-à-dire dès qu'ils ouvrent les yeux et les oreilles.

Des difficultés peuvent surgir chez les chiots élevés en chenil, parce qu'ils sont peu au contact des humains ; ces problèmes restent cependant assez rares.

C'est pour ces raisons que je considère que les chiots achetés chez des particuliers sont dans l'ensemble de très bons chiens de

compagnie : ils sont habituellement bien élevés, bien soignés et même parfois trop dorlotés.
Il faut également s'assurer que le vendeur, qu'il s'agisse d'un éleveur expérimenté ou non, a pensé à soumettre les parents de la portée à des examens, pour dépister les maladies héréditaires propres à cette race, comme la dysplasie de la hanche et les pathologies oculaires.
Si vous souhaitez acheter un chien pour le présenter à des expositions ou bien pour en faire un reproducteur, vous devrez évidemment être plus exigeant que si vous souhaitez un chien d'appartement. Il faut avant tout bien choisir son élevage : il est essentiel que les parents du chiot que vous avez l'intention d'acheter soient en bonne santé, mais aussi qu'ils aient obtenu des titres, afin de garantir la qualité de leur portée.
Les petits de champions ne sont pas tous destinés à le devenir, mais être un « enfant de la balle » constitue déjà un bon point de départ. Il est très difficile de porter un jugement morphologique ou esthétique sur un chien de deux mois, en essayant de deviner ce que sera son futur développement. Cependant, l'éleveur connaît très bien la race et sait reconnaître les caractéristiques positives ou négatives de chaque membre de la portée. En outre, il a l'avantage de voir les chiots tous les jours et de suivre leur croissance. Si vous souhaitez acheter un chiot pour qu'il participe à des expositions, il est toujours recommandé de le signaler au vendeur.
En effet, un éleveur ne peut normalement qu'être ravi de savoir qu'un de ses chiots va participer à des expositions et qu'il se fera connaître : il y a donc de grandes chances pour qu'il vous conseille son petit le plus prometteur. Je ne dis pas que choisir le « champion » est une chose très simple, mais on peut toutefois déceler certains ca-

Portée parfaitement homogène. Seul l'éleveur saura tous les distinguer. Propr. élevage Chiaroscuro (photo Pandolfi)

ractères positifs ou négatifs alors que les chiens sont encore petits.

Le meilleur moment pour juger un chiot se situe entre la sixième et la septième semaine. A cet âge, l'animal n'a plus l'apparence d'un nouveau-né et acquiert les caractéristiques et les proportions d'un adulte. Son déplacement devient souple et ses dents sont sorties.

Le petit du Golden doit être bien proportionné et symétrique. Les épaules doivent être inclinées, avec une ouverture correcte ; sa ligne dorsale doit être droite et parallèle au sol.

Il faut que son ossature soit déjà forte, que ses aplombs soient bien stables, que ses coudes adhèrent bien à son thorax et que son arrière-main soit bien en place et fléchie.

Le chiot porte souvent sa queue assez haut et cela peut être trompeur. Il faut donc observer son point d'attache et vérifier qu'il est sur la même ligne que sa croupe, ni plus haut ni plus bas. Sa tête doit être d'une taille moyenne, son crâne pas trop massif, son museau assez large sans être trop court et son stop suffisamment marqué.

Les oreilles des petits Golden semblent disproportionnées, mais c'est à leur position qu'il faut s'intéresser. Leur attache doit être à peu près à la même hauteur que leurs yeux.

Ces derniers ne doivent pas être ronds, ni trop grands, ni trop petits. Des yeux de taille moyenne

Un beau chiot qui semble en bonne santé.
Prod. et photo L. Ginoulhiac

d'un belle teinte marron donnent au chien l'expression typique de sa race. La couleur des yeux du chiot est parfois encore indéfinie et peut apparaître dans les tons gris-bleu. C'est pour cette raison qu'il est préférable d'observer les yeux de sa mère.

La pigmentation des lèvres, du nez et du bord des paupières doit être d'un noir brillant.

Une bonne dentition se caractérise par un articulé en ciseaux.

La couleur de sa robe n'est pas encore définitive. Il faut savoir qu'en grandissant, elle a en principe tendance à s'obscurcir et à se rapprocher de celle des oreilles, qui sont habituellement plus sombres que ne l'est le reste du corps. La coloration définitive du Golden intervient vers l'âge de trois ans.

Une future « star » appartenant à l'élevage Chiaroscuro (photo Pandolfi)

Trois chiots appartenant à l'élevage Sherida (issus de Sundar of Sherida et de Kamore Daiya of Sherida). Prod. , propr. et photo P.G. Cooke

Evoquons brièvement, pour terminer, le cas du chien de travail. En général, ceux qui recherchent un chien destiné à des activités comme la protection civile, la recherche de drogue, etc., savent parfaitement à quels critères doit répondre le chiot et je n'entrerai donc pas dans les détails.

Je voudrais plutôt m'adresser aux personnes débutantes qui souhaiteraient se lancer avec leur chien de compagnie dans une discipline comme l'agility, ou toute autre forme de travail qui apporte autant de satisfaction au chien qu'à son conducteur.

Il faut dans ce cas, s'orienter vers

ÉLEVER UN CHAMPION

Si l'on souhaite posséder un chien d'exposition capable d'obtenir de bons résultats, il ne suffit pas qu'il ait un bon patrimoine génétique, c'est-à-dire une structure de base correcte : en effet, d'autres facteurs sont essentiels pour le développement de l'animal.
Une alimentation correcte associée à une activité physique régulière sont d'une importance fondamentale.
En outre, l'éleveur joue un rôle primordial : grâce à l'expérience qu'il a acquise au cours de son activité, il sait comment présenter un chien, comment masquer ses défauts et mettre ses qualités en valeur, comment lui enseigner à bien se comporter sur un ring, etc.
L'apparence du chien peut être complètement différente selon qu'il est confié à un débutant ou à un spécialiste.

un sujet vif et curieux, qui soit à la fois attentif et sociable et, surtout, qui aime jouer avec l'homme.
En ce qui concerne la chasse, il est conseillé de s'orienter vers les lignées de travail sélectionnées spécifiquement pour remplir cette fonction, bien que la plupart des Golden démontre une bonne aptitude au rapport. Pour cet exercice, il faut que le Golden ait une bonne constitution, soit obéissant, rapide et stylé. Toutes ces qualités sont en général bien développées chez les chiens qui ne se consacrent qu'à cette activité.

A quel âge un chiot peut-il être acheté ?

Je pense que le meilleur âge pour acheter un chiot se situe entre huit et douze semaines.

Tous les chiots ont une aptitude innée pour le rapport ! Foggy Day. Propr. et photo M. Vanzetti

Les spécialistes en éthologie ont relevé qu'il existait, durant la phase de développement et d'apprentissage du jeune chien, des périodes critiques qui sembleraient avoir une influence sur son caractère futur. Après une première période néonatale (qui dure environ vingt jours), pendant laquelle les organes des sens continuent à se développer, commence alors la phase de socialisation, qui s'étend de la troisième à la douzième semaine de la vie du chiot. Il semblerait que, pendant ces deux mois, les chiots soient très réceptifs à l'apprentissage des comportements sociaux.
De la troisième à la huitième semaine, la vie sociale des chiots s'oriente surtout vers leurs semblables. Il faut donc les laisser avec leur mère et leurs frères jusqu'à l'âge de deux mois. On pense souvent à tort que plus le chiot est acheté jeune, plus il risque de se montrer affectueux. Il est important que les chiots restent avec leur mère jusqu'à l'âge de deux mois pour des raisons évidemment alimentaires (à cet âge-là, ils sont encore souvent allaités, au moins en partie), mais également parce que, en jouant avec elle et avec leurs frères, les petits apprennent les règles de communication avec leurs semblables ; ils développent ainsi des comportements sociaux qui leur seront très utiles dans leurs futurs rapports avec les autres chiens.
La socialisation avec d'autres espèces et en particulier avec l'homme, débute un peu plus tard, vers la septième semaine et se termine vers l'âge de trois mois.
Entre la huitième et la seizième semaine, les chiots manifestent une très grande capacité d'adaptation aux nouvelles situations.
Les chiots élevés dans un chenil où ils ont peu de contacts avec l'homme s'adaptent bien à leur nouvel environnement, à condition qu'ils y aient été introduits avant l'âge de trois mois. Si, au contraire, ils restent enfermés plus longtemps, ils risquent de rencontrer

Pendant combien de temps serons-nous encore ensemble ? Prod. et photo E. Santucci

LE PEDIGREE

Le pedigree n'est rien d'autre qu'un document attestant l'inscription d'un chien au Livre des Origines français (LOF), rédigé par la SCC.
Quand on achète un chiot, il est préférable de demander à l'éleveur un sujet qui possède les documents officiels. Il faut que les deux géniteurs du chiot aient un certificat qui atteste de leur origine et, qu'ensuite, leur portée soit inscrite sur le Livre des Origines (en France, dans les deux semaines qui suivent la naissance). Normalement, tous les chiens de race devraient posséder ce document et, en pratique, un éleveur sérieux inscrit automatiquement tous les chiots nés dans son chenil.
Je pense que vous devez vous méfier de ceux qui vous proposent des chiots sans pedigree à un certain prix et des chiots avec pedigree à un prix plus élevé. En effet, l'élevage d'un chiot entraîne des coûts déterminés qui ne sont que très faiblement influencés par les frais d'inscription à la SCC.
Aucun éleveur sérieux ne demande de frais supplémentaires pour le pedigree d'un chien, parce que l'on considère généralement que ces formalités font partie du chiot qui est vendu.

plus de difficultés à établir de bons rapports avec leur nouveau maître.
Ce phénomène, connu sous le nom de « syndrome du chenil », se rencontre surtout dans les élevages qui abritent de nombreux chiens : en effet, dans ce type de chenils, chaque chiot ne fait pas l'objet d'un suivi idéal au moment de la phase délicate de socialisation.
Cela se produit plus rarement dans les petits élevages ou chez des particuliers, parce que les chiots vivent souvent dans une maison et, même s'ils ont dépassé « l'âge critique », ils pourront s'adapter plus facilement à leur nouveau foyer.
Evidemment, ce n'est pas comme si vous achetiez un tout petit chiot que vous verriez grandir mais, dans certains cas, cela peut représenter un avantage, notamment si c'est votre première expérience de maître. En effet, un éleveur est en mesure d'établir les bases de l'éducation du petit mieux que vous ne pourriez le faire.
En ce qui me concerne, je confie les chiots à leurs nouveaux propriétaires quand ils ont atteint l'âge de dix semaines. Ce choix s'explique par des raisons de socialisation, mais également par des motifs sanitaires. C'est en effet à cet âge que j'effectue les rappels de vaccination et le tatouage obligatoires. Je suis ainsi certaine que le chiot résistera mieux aux maladies infectieuses, même s'il n'est pas encore complètement protégé

Jusqu'à l'âge de deux mois, les chiots doivent rester avec leur mère et leurs frères. Prod. L. Ginoulhiac (photo M. Arizzi)

d'un point de vue immunitaire. Il faudra encore lui interdire de sortir dans la rue ou d'aller dans des endroits où circulent de nombreux chiens, comme les jardins publics. Il pourra toutefois commencer à découvrir sa nouvelle maison en sortant dans le jardin ou sur le balcon. Si vous achetez un chien de cet âge, ce sera à vous d'établir les bases de son éducation. Durant cette phase, un ordre hiérarchique s'établira, selon lequel vous deviendrez le « chef de bande » auquel le chien devra obéissance et respect.

Comment l'installer ?

Avant d'aller retirer votre chiot, il est conseillé d'effectuer certaines préparations : il faut lui prévoir un lieu pour dormir, des gamelles, des jouets ainsi que quelques articles de toilettage.

Gros plan de Scott. Prod. L. Ginoulhiac, propr. et photo Albertini

Le chiot doit vivre à l'intérieur, notamment pendant la période hivernale. Cela ne pose pas de problèmes particuliers, surtout s'il en prend rapidement l'habitude.
Quand il aura grandi, il pourra rester dehors. Il faut cependant savoir qu'un chien, et plus particulièrement un Golden, ne mérite absolument pas d'être laissé seul dans un jardin, uniquement distrait par l'arrivée de ses repas quotidiens. Cela peut arriver exceptionnellement, si l'on a ensuite l'intention de s'occuper de lui, de le promener ou de jouer avec lui.
Il ne faut surtout pas croire qu'un chien n'a besoin que d'espace pour courir, de nourriture et d'eau fraîche. Les chiens, et en particulier ceux qui ont le caractère du Golden, ont surtout besoin de leur maître. Je vous déconseille d'enfermer votre chiot dans une cage grillagée, à moins que vous ne possédiez déjà un autre chien pour lui tenir compagnie.
En effet, c'est au cours des premiers mois de la vie du chien que la phase de socialisation est la plus importante, avec les membres de la famille, les personnes étrangères et les autres animaux.
Plus le petit apprend de choses pendant cette période, plus ses réactions, une fois adulte, seront équilibrées face aux autres chiens, aux gens et à son environnement en général. Dans les premiers temps, il faut donc que vous le gardiez chez vous.
Vous devrez désigner une pièce dans laquelle il pourra dormir ou bien, si vous le pouvez, choisir un coin isolé dans un lieu où vous pas-

Le petit doit avoir sa place pour dormir

Les poupées de chiffon sont toujours particulièrement appréciées (photo C. Sonnet)

sez beaucoup de temps dans la journée. Vous vous sentirez également plus tranquille si vous l'installez dans un endroit où vous pouvez le laisser quand vous vous éloignez ou quand vous êtes occupé. Le chiot, de son côté, apprendra vite que ce coin représente le lieu où il doit dormir et non jouer.

Certains éleveurs étrangers conseillent à ce sujet d'acheter un panier pour chiens adultes et d'enseigner au petit que c'est son « lit ». Ainsi, si l'on doit voyager avec son chien, il pourra dormir en toutes circonstances dans son panier, sans gêner personne.

Personnellement, je ne suis pas très favorable à ce système du panier parce qu'il prévoit que le chiot n'y séjourne que pendant ses courts moments de repos. On ne peut cependant pas toujours s'occuper de son chien et l'installer dans son panier ou l'en sortir dès qu'il se réveille. Toutefois, si l'on dispose d'un panier plus grand, le chiot peut y rester pendant un moment, après s'être réveillé ; il a alors suffisamment de place pour bouger, jouer et même faire ses besoins, sans gêner personne.

Venons-en à présent à l'instant décisif. Le moment de ramener votre petit Golden chez vous est arrivé : vous avez pour cela besoin de quelques conseils pour que cette vie en commun commence bien.

Je vous conseille avant tout de disposer de votre journée entière,

Un chiot à l'expression perplexe. Propr. élevage Chiaroscuro (photo Pandolfi)

OFFRIR UN CHIOT

On offre souvent un chiot dans des occasions particulières, comme Noël et les anniversaires, et on peut imaginer la joie que doit ressentir un enfant qui reçoit un tel cadeau.
Cependant, je pense qu'un chiot reste un cadeau spécial, qu'un enfant ne doit pas confondre avec les autres présents qu'il a reçus. Un animal n'est pas un jouet et, d'après mon expérience, il est toujours préférable de remettre l'arrivée d'un chiot à une autre occasion.

afin que le petit ait la possibilité de s'acclimater dans sa nouvelle maison avant les heures de nuit, durant lesquelles il devra rester seul.
Il faut éviter que sa première journée chez vous soit traumatisante : il ne doit donc pas y avoir trop de gens ni d'agitation. Si vous avez des enfants, apprenez-leur à se comporter avec le chiot. Il est naturel que le nouvel arrivant entraîne un peu d'excitation, mais celle-ci peut être canalisée dans des activités utiles, comme la préparation de la couche ou du repas du chiot, plutôt que dans des courses effrénées.
Si votre activité professionnelle ne vous permet pas de rester chez

L'ALIMENTATION

En ce qui concerne le type d'alimentation qui convient au chiot, je vous renvoie au chapitre traitant de ce sujet. Je désire cependant donner ici quelques précisions sur le rapport qui existe entre le chiot et la nourriture.
Le chiot doit toujours avoir de l'eau à sa disposition. Quant à la nourriture, il est préférable de retirer sa gamelle après le repas, même si elle n'est pas entièrement vide.
En général, il est assez rare qu'un petit Golden ne finisse pas sa ration mais si cela devait se produire, il ne faut pas qu'il puisse remanger avant son repas suivant.
Soyez régulier dans les horaires de repas, au moins durant les premiers mois, en respectant les indications que vous a fournies l'éleveur.
Evitez absolument de lui donner des friandises en dehors des repas.
Surtout, ne vous laissez pas attendrir par son regard implorant qui vous supplie de lui donner une bouchée de votre repas.
En effet, ce que nous mangeons n'est pas toujours bon pour la santé des chiens et, de plus, cette façon de faire n'est pas appréciée par tout le monde.

Chiot d'un mois et demi. Prod. L. Ginoulhiac (photo E. Eynard)

vous toute la journée, il serait souhaitable que vous preniez une semaine de vacances pour rester à côté de votre chiot pendant les premiers jours qu'il passe chez vous.
C'est en effet pendant cette période que le chien commence à connaître les habitudes de la maison et à comprendre ce qu'il peut faire et ce qu'il n'a pas le droit de faire. Il commence à s'habituer à l'endroit où il dort et à celui où il fait ses besoins, à ses objets personnels, comme sa gamelle de nourriture et son bol d'eau, ainsi qu'à ses jouets.
Naturellement, un jour ou deux ne suffisent pas pour obtenir ce résultat. Il vous faudra beaucoup de patience et de persévérance dans votre enseignement.
La cohérence est un autre point très important : tous les membres de votre famille doivent en effet s'entendre sur ce qu'il faut enseigner.
Dès le début, il ne faut pas, par exemple, autoriser votre chien à monter sur le lit quand votre femme n'est pas là et lui interdire de le faire quand elle est présente.
De même, vous ne pouvez pas lui donner une bouchée sous la table et, deux minutes plus tard, exiger qu'il retourne à sa place sans demander quoi que ce soit. Ce type de comportement ne sert qu'à lui « embrouiller les idées » et allonge les temps d'apprentissage.

L'éducation de base

Le premier problème qui se pose est celui de la propreté.
A moins qu'il ait déjà vécu dans une maison et qu'il soit âgé de quelques mois, le chiot est rarement éduqué à ne pas salir la maison.
En ce qui me concerne, en tant qu'éleveur, j'enseigne généralement aux petits à aller faire leurs besoins dehors, après leur repas. En

général, cela se passe bien pour les selles, parce que leur fréquence est déterminée par le nombre de repas.

Le contrôle de la miction est plus difficile à enseigner à un chiot parce qu'il urine si fréquemment que ce serait une perte de temps. Il suffit en effet que l'on s'occupe d'un chiot en particulier pour que les autres aient déjà fait leurs besoins ailleurs.

En outre, il est souvent inutile de tenter d'apporter au chiot une éducation hygiénique dans un lieu donné, puisque celui-ci est appelé à changer dès qu'il aura été acheté par son nouveau maître.

On conseille des techniques différentes pour apprendre au chiot à ne pas salir la maison. Certaines personnes utilisent des journaux qu'ils déplacent progressivement vers la porte d'entrée, quand le chiot à appris à uriner dessus. Ces journaux sont ensuite placés à l'extérieur de la maison.

D'autres personnes crient après le chiot en lui montrant sa « bêtise » avant de le mettre dehors ; d'autres encore emploient des méthodes plus ou moins compliquées.

Je conseille aux gens qui achètent mes chiots de suivre quelques règles générales qui, si elles sont appliquées avec persévérance, donnent de bons résultats en une dizaine de jours environ. Il faut avant tout que vous ayez le temps et la patience de sortir votre petit Golden à chaque fois qu'il a terminé de

Ne grondez pas trop votre chien : il ne le mérite pas. Panna. Propr. L. Ginoulhiac (photo Cadonati)

manger ou qu'il se réveille, c'est-à-dire tôt le matin et tard le soir avant qu'il aille dormir, ainsi que plusieurs fois dans la journée, dès que vous estimez qu'il n'a pas fait ses besoins depuis longtemps.

Il faut se souvenir qu'un chiot peut avoir envie d'uriner toutes les heures. C'est pour cette raison que, durant les premiers jours, il est préférable d'être disponible et d'avoir du temps à lui consacrer.

Cependant, il ne suffit pas de sortir le chiot pour qu'il fasse aussitôt ses besoins. En effet, vous remarquerez souvent que votre jeune chien, distrait par ce qui se passe autour de lui, ne fait pas tout de

suite ce que vous attendez de lui et qu'il ne se décide à laisser un « petit souvenir » qu'une fois que vous êtes rentré chez vous.
Dans cette situation, c'est vous qui avez commis une erreur, parce que vous n'avez pas eu la patience d'attendre. Il ne faut pas vous imaginer que cinq minutes suffisent et il faut au contraire rester dehors jusqu'à ce que votre chiot se décide. Vous serez ainsi certain qu'il a fait ses besoins et vous serez présent pour lui faire comprendre qu'il a bien agi.
En revanche, si vous vous apercevez qu'il urine dans votre maison, vous devez lui crier sèchement « non ! » et le faire sortir.
Il est inutile de le taper ou de le gronder quand vous découvrez une « mare » dans un coin. En effet, le chiot n'est pas capable de relier sa « bêtise » à votre mécontentement. En agissant ainsi, vous ne faites que lui « embrouiller les idées » et provoquer sa crainte.

La manie de ronger

Presque tous les chiots aiment prendre les objets dans leur gueule et les ronger. Cette manie est liée, d'une part, à la nécessité de « goûter » pour connaître et correspond, d'autre part, à la période de remplacement des dents de lait en dents définitives (entre trois mois et demi et six mois).

Freedom chez L. Ginoulhiac. Prod. Parenti, propr. E. Antognaccetti (photo L. Ginoulhiac)

Les petits peuvent naturellement endommager des objets ou des vêtements, qui risquent de poser de graves problèmes de santé s'ils les avalent. C'est pour cette raison qu'il est préférable de donner au chiot quelques jouets en caoutchouc suffisamment solides pour qu'ils résistent à ses attaques. Il faut également lui enseigner à ne jouer qu'avec eux.
Ne laissez pas traîner de vieilles chaussures ou des vêtements : votre chiot est en effet trop petit pour faire la différence entre un objet usé et un objet neuf.
Si vous le surprenez avec un objet

Les chiots veulent tout « goûter » ! C'est à vous de leur enseigner ce qu'ils peuvent ronger et ce qui leur est interdit. Prod. L. Ginoulhiac (photo P. Sommaruga)

interdit dans la gueule, dites-lui « non ! » et saisissez-vous immédiatement de cet objet. Prenez ensuite son jouet, laissez-le le serrer entre ses dents et félicitez-le. Il apprendra rapidement qu'il n'a pas le droit de jouer avec certains objets.
Les choses se compliquent quand vous devez vous absenter. Vous remarquerez en effet que, quand vous êtes avec lui, votre chiot ronge rarement les objets et les meubles. En revanche, cela se produit plus souvent quand il est laissé seul et qu'il s'ennuie. Dans ces moments-là, mettez à sa disposition de nombreux jouets en caoutchouc et laissez votre chien dans son panier.

Le collier et la laisse

Votre chiot ne pourra pas sortir de chez vous tant qu'il n'aura pas terminé son programme de vaccinations. Ainsi, les premiers essais avec la laisse et le collier devront être effectués à l'intérieur de votre habitation ou dans votre jardin.
Les colliers pour chiots sont très légers et habituellement bien tolérés. Au début, il ne faut lui mettre le collier que pendant cinq ou dix minutes, puis augmenter progressivement la durée.
Les premiers temps, votre petit Golden se grattera furieusement, puis il s'habituera tout doucement

Chiot jouant à cache-cache (photo Pandolfi)

et oubliera qu'il porte un collier. La laisse doit également être légère et adaptée au chiot. Une fois que votre petit Golden s'est habitué au collier, vous pouvez commencer à lui attacher la laisse et à le faire marcher à côté de vous. Au début, vous remarquerez une forte résistance de sa part. Votre chiot, se sentant attaché, s'arrêtera et essaiera de se débarrasser de sa laisse. Réprimandez-le avec un « non ! » sec, jusqu'à ce qu'il se calme, puis recommencez à marcher en l'appelant joyeusement. Chaque séance de dressage ne doit durer que quelques minutes par jour.
Vous constaterez que votre chiot oubliera vite qu'il est attaché. Vous connaîtrez alors le problème inverse : lui enseigner à ne pas trop tirer. Quand il pourra finalement sortir, il se montrera tellement curieux de ce qui se passe autour de lui que vous aurez beaucoup de mal à le faire marcher à côté de vous. Vous pouvez acheter une laisse avec enrouleur d'une longueur de huit ou dix mètres. Ainsi, votre chiot se sentira relativement libre d'explorer, tout en ne risquant rien.
Dans les premiers temps, ne l'obligez pas à rester trop près de vous.
La conduite au pied avec une laisse représente une étape ultérieure dans le dressage.

Les soins et le toilettage

Qu'il soit petit ou adulte, votre chien a besoin de certaines attentions et de soins de routine qui, alliés à une alimentation correcte et à des exercices physiques réguliers, lui permettront de rester beau et en bonne santé. Il faut apporter des soins particuliers aux organes sensoriels, notamment aux yeux et aux oreilles.

Les yeux du chien doivent être nettoyés quotidiennement et, dans certains cas, même deux fois par jour. Il s'agit d'enlever le dépôt qui s'accumule dans l'angle de l'œil du côté du nez. Pour mener à bien cette opération, il suffit d'utiliser un peu de coton imbibé d'acide borique, ou d'un autre produit ophtalmique que l'on trouve en pharmacie. Les yeux du chien doivent toujours être surveillés : il faut qu'ils soient toujours brillants et transparents. Si, au contraire, vous constatez un larmoiement excessif, une opacité ou une rougeur, consultez immédiatement un vétérinaire.

Les oreilles constituent également un point crucial chez le Golden. En effet, comme ce sont des chiens aux oreilles pendantes et qui aiment l'eau, ils sont sujets aux otites.

Leurs oreilles doivent être nettoyées régulièrement (toutes les deux ou trois semaines), en appliquant un produit spécifique à l'intérieur du conduit auditif pour dissoudre le cérumen. Evitez toutefois d'utiliser un Coton-Tige pour enlever les saletés, parce que vous risqueriez de les repousser plus profondément dans le conduit audi-

tif ou même de provoquer une lésion dans la membrane du tympan. Après avoir appliqué le produit pour nettoyer l'intérieur de son conduit auditif, c'est votre chien qui se chargera d'éliminer les saletés en secouant la tête. Vous pourrez alors nettoyer à nouveau son pavillon auriculaire en utilisant du coton.
La bouche du chien doit également être surveillée et notamment ses dents. En effet, le tartre qui s'y dépose, en particulier chez les chiens âgés, peut détériorer les gencives et les alvéoles dentaires et même provoquer la chute des dents.
Il est très difficile de laver les dents d'un chien. On trouve cependant aujourd'hui des brosses à dents et des dentifrices spécialement étudiés pour nos compagnons, mais le brossage de leurs

Lawnwood's Wisteria avec un accessoire de toilettage. Propr. élevage Chiaroscuro (photo Pandolfi)

dents reste une entreprise pratiquement impossible à réaliser. Toutefois, si vous parvenez à laver les dents de votre chien une ou deux fois par semaine, vous empêcherez ainsi la formation de tartre. Si votre chien ne veut absolument pas collaborer, vous pouvez utiliser d'autres méthodes comme les os ou la nourriture sèche, qui exercent une action abrasive sur les dents et les gardent propres. Naturellement, l'intervention du vétérinaire est nécessaire quand il s'agit d'effectuer un nettoyage plus sérieux avec des appareils appropriés.

Les ongles du Golden doivent être taillés périodiquement s'il ne les use pas suffisamment. En général, les ongles des pattes arrière conservent une dimension correcte, mais ceux des pattes avant doivent être coupés. Les ongles des éperons (présents seulement sur les membres antérieurs du Golden) doivent également être contrôlés. S'ils poussent excessivement, ils risquent de s'enfoncer dans la chair ou encore de se plier et de se casser, causant ainsi une forte douleur au chien.

La taille des ongles est une opération assez simple, mais on a souvent recours au vétérinaire parce que l'on risque de trop les couper et d'attaquer la partie vivante de l'ongle, qui peut saigner.

Si les ongles du Golden sont blancs, on voit facilement leur partie vivante par transparence. S'ils sont pigmentés, l'opération devient beaucoup plus délicate.

Le soin de la robe est un autre point important pour la beauté et pour la santé de votre Golden. Bien que ce soit un chien à poils longs, le Golden se salit peu : les saletés, la boue, ont tendance à glisser le long de sa robe après qu'il se soit séché. Il suffit donc d'un bon brossage pour que la belle robe de votre compagnon redevienne « brillante ».

Un brossage bihebdomadaire ou

ACCESSOIRES POUR LE TOILETTAGE

Vous n'avez pas besoin de beaucoup d'instruments pour prendre soin de votre chien.

Il faut avant tout que vous vous procuriez un shampooing pour chiens que vous utiliserez pendant son bain, quelques produits pour nettoyer ses oreilles et éventuellement ses yeux, ainsi qu'un coupe-ongles. En ce qui concerne les soins de la robe, il vous faut une brosse souple pour enlever les poils morts et un gant doux pour rendre son poil plus brillant.

Enfin, procurez-vous deux paires de ciseaux, une paire ordinaire et une paire de ciseaux avec deux lames dentées.

quotidien pendant les périodes de mue a pour but d'éliminer les poils qui se sont détachés de la robe : grâce à cette opération, vous éviterez qu'ils ne se disséminent dans la maison et vous favoriserez la croissance de nouveaux poils.
Si votre chien se salit énormément avec de la boue ou de la terre, il est préférable de le rincer abondamment à l'eau courante et d'éviter d'utiliser trop fréquemment des produits détergents.
Il faut donner périodiquement à votre Golden un véritable bain avec shampooing ; vous devez alors utiliser des produits spécifiques pour chiens, afin de ne pas trop dessécher son poil.
On me demande souvent quelle doit être la fréquence des bains : en réalité, cela dépend beaucoup du cadre de vie de votre chien, de la saison et du nombre de bains qu'il prend par ailleurs dans les lacs ou les rivières.
Par exemple, si votre Golden vit en appartement, il est normal que vous le laviez fréquemment, plus d'une fois par mois, pour éviter que son odeur ne devienne désagréable.
Si, au contraire, il vit surtout en plein air, vous pouvez le laver moins souvent. En hiver, les bains sont déconseillés parce que le poil sèche très lentement ; en revanche , en été, vous pouvez même ajouter des produits antiparasites à l'eau du bain pour éloigner les puces et les tiques.
Le brossage fréquent, le nettoyage et le contrôle des parasites externes, font partie des soins que l'on effectue sur le Golden, au même titre que ce que l'on appelle le toilettage, c'est-à-dire les retouches apportées à certains endroits de la robe.
Cette dernière opération consiste à éclaircir ou à raccourcir les poils du chien sur certaines parties du corps, afin de les mettre en valeur. Les sujets de concours y sont soumis régulièrement mais, d'après moi, cette intervention est également utile pour les chiens qui ne participent pas aux expositions.
Ainsi, pour ces derniers, il est indispensable de raccourcir les poils placés sous les doigts de pieds et sous le point d'attache des oreilles, pour éviter qu'ils ne forment des nœuds ou que des graminées ne viennent s'y accrocher.
En ce qui concerne les chiens d'exposition, il est très important d'effectuer régulièrement leur toilettage et de ne pas attendre la veille de la compétition pour le faire.
Il est en général conseillé d'accomplir cette opération en plusieurs séances pour ne pas lasser le chien : celui-ci risquerait, au bout d'un moment, de refuser de collaborer.
Le raccourcissement des poils ne doit jamais être apparent parce que cela nuirait considérablement à l'aspect général du chien. Il faut donc travailler par petites touches et savoir résister à la tentation de trop couper. Ce ne sont en réalité que de petites retouches, que l'on doit ap-

Qu'il reste dehors, dans l'eau ou dans la boue, le Golden est un chien facile à garder propre. Maple et Tata après leurs jeux (photo L. Ginoulhiac)

porter sur un poil sec et bien brossé, avant le bain du chien.
La technique qui va être décrite à présent est une méthode générale qui doit cependant tenir compte de critères qui varient d'un chien à un autre, en fonction du développement de leur robe.
Le principe général consiste à éclaircir les endroits où l'excès de poils alourdit certaines parties du corps du chien. On commence en général par le cou, en utilisant des ciseaux dentés particuliers. Cette opération a pour but de rendre la région du cou plus propre, afin de la mettre en valeur. Il faut surtout raccourcir les poils du fanon ainsi que ceux qui sont situés sur la partie antérieure du corps, qui descendent vers le poitrail, parce qu'ils sont souvent très abondants.
On passe ensuite à l'arrière du cou, sous les oreilles, en descendant progressivement jusqu'à l'endroit où celui-ci s'insère dans les épaules.
Sur cette partie du corps, les poils ont souvent tendance à friser parce qu'ils changent légèrement d'orientation en passant du cou au tronc. Il faut les raccourcir à cet

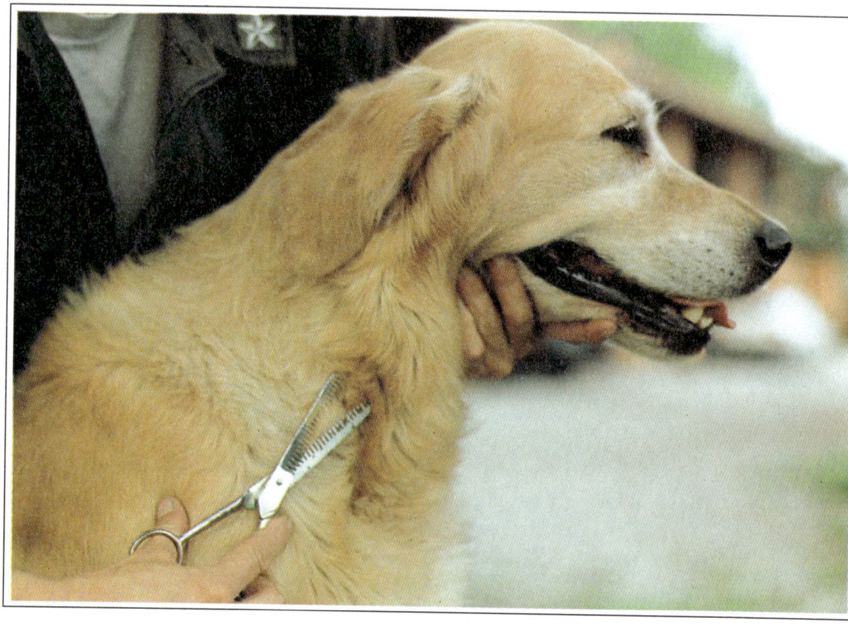

Les excès de poils situés sur le cou doivent être éclaircis et raccourcis pour que cette partie du corps ne soit pas trop alourdie (photo P. Sommaruga)

endroit, en veillant toujours à ce que le résultat ne soit pas trop apparent. N'utilisez pas de ciseaux classiques, avec lesquels on opère des coupes trop nettes.
En passant ensuite à la tête, il faut arrondir le bord des oreilles et éclaircir les poils désordonnés qui dépassent à l'endroit du point d'attache des oreilles sur la tête.
Les petites retouches effectuées doivent elles aussi être peu visibles.
On peut ensuite passer à la queue, qui présente de longues franges chez les sujets adultes. Il faut les raccourcir de façon échelonnée jusqu'à la pointe de la queue.
Ainsi, les poils doivent être plus

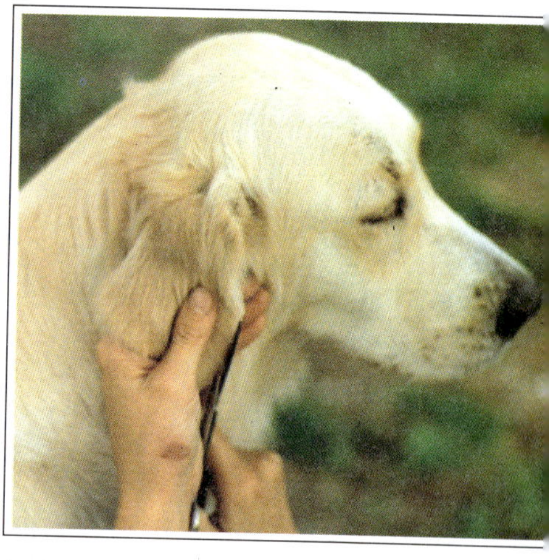

Le bord de l'oreille doit être arrondi pour ne pas avoir l'air d'être « ébouriffé » (photo P. Sommaruga)

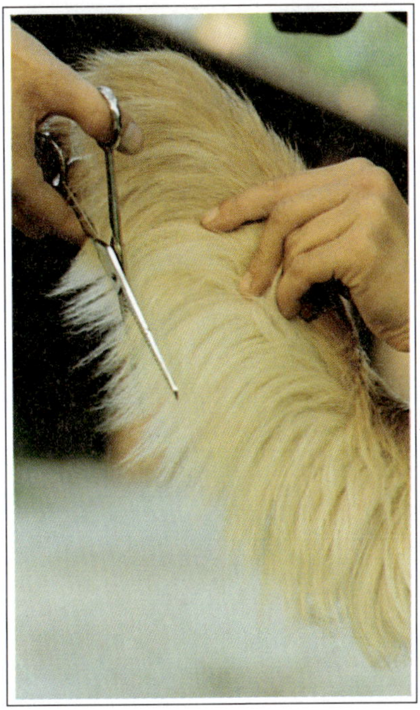

longs vers l'attache de la queue et s'arrondir progressivement vers la pointe. Il est nécessaire d'observer quelques photos de Golden à la queue toilettée si l'on veut exécuter correctement la coupe.

Le tronc du Golden ne doit pas être particulièrement retouché, à l'exception de quelques longs poils placés sous son abdomen et entre ses pattes.

On peut alors effectuer le toilettage des pattes. C'est en général la partie du corps qui gêne le plus le chien, parce qu'il n'est pas habitué à ce que l'on touche à ses pattes pendant son brossage quotidien. Il est conseillé d'allonger le chien

Une étape du toilettage de la queue (photo P. Sommaruga)

Bumpity Bump du Pontias et sa queue bien toilettée (photo M. Vallois)

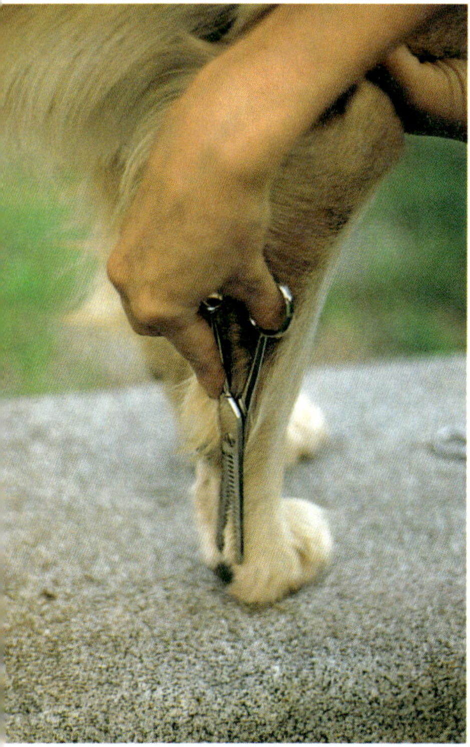

Détail du toilettage du membre antérieur (photo P. Sommaruga)

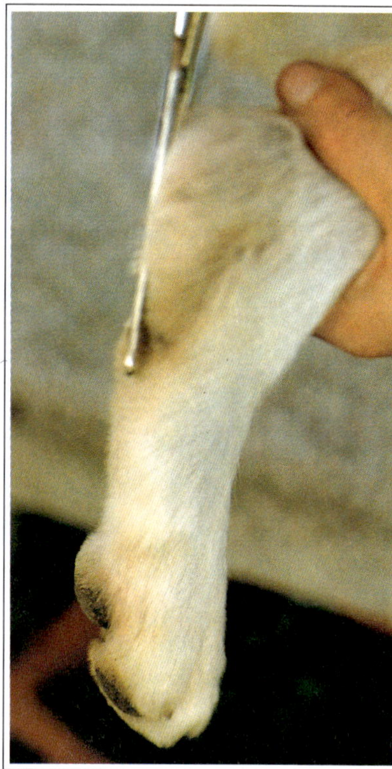

Détail du toilettage du membre postérieur (photo P. Sommaruga)

pour mener à bien cette opération. Il faut commencer à partir des pieds, en coupant les poils qui dépassent des bouts de pieds, puis raccourcir les poils situés sur la partie postérieure de la patte ; on va jusqu'à l'éperon pour les membres antérieurs et la pointe du jarret pour les postérieurs. Les photographies qui accompagnent ce paragraphe vous aideront à mieux comprendre toutes ces explications.

Voyager avec votre Golden

Il faut habituer très tôt votre compagnon aux voyages en voiture, même sur de petits trajets. La meilleure façon de le transporter est de le placer dans un panier de voyage à sa taille, qu'il connaît et dans lequel il se sent parfaitement à son aise. On peut également le mettre dans le coffre d'un break.

Chiots très à l'aise dans le coffre d'une voiture (photo L. Ginoulhiac)

Un filet de séparation est obligatoire et s'avère d'ailleurs très utile, surtout les premières fois, pour empêcher votre chiot de vous rejoindre à l'avant de la voiture.
Le transport de votre Golden dans un panier clos vous permet d'ouvrir complètement le coffre pendant les arrêts pour ventiler suffisamment la voiture. Votre chien ne doit jamais, quel qu'en soit le motif et même pour quelques minutes, rester à l'intérieur d'une voiture fermée et exposée au soleil.
La présence du chien dans un panier de voyage permet également d'éviter qu'il ne saute par une fenêtre ouverte.
Nous allons à présent apporter quelques précisions concernant les voyages effectués avec d'autres moyens de transport.
Les compagnies aériennes ou de navigation fournissent des cages appropriées placées ensuite dans des soutes réservées aux transports d'animaux. En effet, au-delà d'une certaine taille, les chiens n'ont pas le droit de voyager avec les passagers. Le Golden Retriever, même s'il s'agit d'un chiot, rentre dans la catégorie des chiens qui doivent voyager dans un espace clos.
En ce qui concerne les trains, la situation est différente. Les chiens peuvent voyager dans n'importe quel train parmi les passagers. L'usage de la laisse est recommandé pour éviter que votre chien ne se promène dans les couloirs. La muselière est en revanche réservée aux chiens qui pourraient se montrer agressifs. Le titre de transport pour le chien est toutefois obligatoire : son montant correspond à un billet de demi-tarif de deuxième classe.

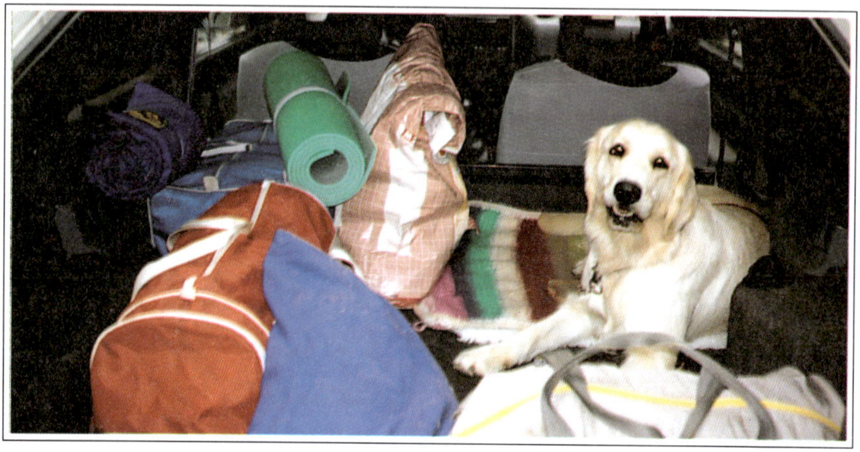

En route pour le camping ! (photo L. Ginoulhiac)

Personnellement, j'ai toujours voyagé en train avec mon Golden en payant son billet. J'ai souvent rencontré un très bon accueil de la part de mes compagnons de voyage qui, j'en suis certaine, n'auraient jamais été aussi aimables si je n'avais pas été avec mon chien.
Cependant, il peut vous arriver de rencontrer des gens qui ont peur des chiens ou qui, pour différentes raisons, n'aiment pas leur présence. Vous devez alors vous montrer compréhensif et changer de place.
Ainsi, avant de commencer un voyage avec votre chien, il faut vous assurer qu'il ne dérangera personne. Il doit donc être capable de rester tranquille quand on le lui demande et son comportement ne doit être ni hostile envers les autres chiens ou les gens ni – ce qui se produit plus fréquemment avec les Golden – trop expansif.
Enfin, il ne faut pas qu'il fasse ses besoins n'importe où et, si cela devait se produire, vous devez être équipé pour nettoyer ses saletés.
Il est important que vous vous renseigniez bien avant le départ sur les modalités de transport, la durée du voyage, etc., afin que celui-ci soit le plus agréable possible pour vous et votre chien.
Vous devrez en outre vous munir de tout ce qui est nécessaire pour lui donner à manger et à boire pendant le voyage. On peut d'ailleurs trouver des aliments secs en sachet, vendus parfois en portion, qui sont très pratiques. En ce qui concerne l'eau, il suffit d'emporter avec vous un bol propre et de vous munir d'une bouteille d'eau en plastique.
Si vous devez séjourner dans un hôtel, n'oubliez pas de vous renseigner au préalable pour savoir si les chiens y sont admis.

Le dressage

Une obéissance élémentaire revêt une importance fondamentale, qu'il s'agisse d'un chien de chasse, d'un chien d'exposition ou d'un chien de compagnie : il est en effet indispensable que vous exerciez un contrôle absolu sur votre compagnon, afin qu'il respecte des règles de cohabitation convenables avec les autres personnes et que vous puissiez intervenir dans les situations périlleuses.

Imaginez le mal que votre chien peut se faire à lui-même ainsi qu'aux autres, s'il n'est pas tenu en laisse et qu'il traverse une route à l'improviste.

Un chien obéissant doit s'arrêter sur un ordre et éviter ainsi de se faire renverser. Evidemment, il s'agit d'un exemple extrême, mais j'estime que tous les chiens devraient être dressés de façon à ne

Dès les premiers mois de sa vie, le jeune Golden se montre attentif et désireux d'apprendre. Ch. Lawnwood's Wisteria. Propr. élevage Chiaroscuro (photo Pandolfi)

pas provoquer de gêne ni constituer de menace pour personne.
En outre, un chien bien dressé doit pouvoir suivre son maître n'importe où et sans protestation : ainsi, le lien avec son « chef de bande » n'en sera que renforcé.

LES BONNES MANIÈRES

Un chien bien éduqué doit savoir se promener en laisse sans traîner son maître et rester tranquillement assis ou couché si on le lui demande.
Quand il est libre de ses mouvements, il doit revenir ou s'arrêter immédiatement quand son maître l'appelle.
Il ne doit pas se montrer trop brusque quand il manifeste sa joie à des gens qu'il connaît et encore moins à des étrangers.
Il ne doit pas aboyer inutilement, même si on le laisse seul.
Il doit pouvoir s'arrêter là où il se trouve quand on lui ordonne « pas bouger » ou « stay ».
Naturellement, tous ces résultats ne s'obtiennent pas en un instant et nécessitent une certaine période d'apprentissage.
Quoi qu'il en soit, je pense qu'il s'agit d'un but à atteindre avec chaque chien, même si votre animal n'est pas destiné à participer à des expositions ou à des concours d'obéissance.

Il existe de nombreux exercices et variantes pour enseigner au chien les différents ordres. Je pense que ce qui est le plus important, c'est la clarté, qui permet au chien de comprendre réellement ce que l'on attend de lui, la cohérence et, surtout, une bonne dose de douceur et de patience. Quand on s'adresse à un jeune chien, il est important de parler calmement et tranquillement et de ne pas s'énerver. Bien qu'une certaine fermeté soit nécessaire.

Le dressage doit toujours prendre la forme du jeu. Mingyar of High Hopes. Prod. C. Sonnet (photo C. Sonnet)

notamment avec les jeunes mâles qui sont souvent très vifs, l'acte d'obéissance ne doit jamais se traduire par une soumission inutile.
C'est un triste spectacle que de voir un Golden exubérant soucieux de plaire à son maître, s'aplatir à ses pieds et exécuter ses ordres les oreilles baissées et la queue entre les jambes. Il faut absolument éviter ce type de comportement avec les chiens de cette race parce qu'ils sont sensibles, sans être timides pour autant. L'amour qu'ils éprouvent pour leur maître est si fort que même le chiot le plus dominant et le plus indépendant fera tout ce qu'il peut pour lui faire plaisir.

Le rappel

Le rappel du chien constitue le premier ordre de dressage ainsi que le plus important. Dès les premiers jours, il faut habituer le chiot à son nom, en ne l'appelant toutefois que quand cela est nécessaire.
Choisissez-lui un nom court et clair qui ne prête pas à confusion avec les ordres que vous lui donnerez. Récompensez-le à chaque fois qu'il répond à son nom, même s'il hésite avant d'obéir.
Montrez-vous content et complimentez-le d'autant plus qu'il aura répondu rapidement à votre rappel. Ne le réprimandez pas s'il a commis une bêtise mais qu'il vient vers vous après un rappel. Votre chien doit toujours être sûr que vous êtes content de lui quand il vous rejoint. Ne le suivez pas pour l'attraper. Eloignez-vous plutôt de lui en l'invitant à vous suivre et, quand il vous a rejoint, continuez à reculer sans l'attraper.
Evitez de l'appeler si vous pensez

Cours d'obéissance élémentaire. Le dressage en groupe est souvent aussi utile qu'amusant (photo L. Ginoulhiac)

qu'il aura du mal à vous obéir. Si, par exemple, vous êtes dans votre jardin et que votre Golden est très occupé à jouer avec un autre chien, n'essayez même pas de l'appeler. Cachez-vous et attendez-le tranquillement. Vous constaterez que c'est lui qui vous cherchera dès qu'il s'apercevra de votre absence : il viendra alors vers vous avec joie quand vous l'appellerez.

Il existe un autre exercice qui consiste à faire retenir votre chien par un ami tandis que vous vous éloignez en l'appelant : une fois qu'il est libéré, votre Golden doit vous rejoindre immédiatement.

Vous devez alors le féliciter et le cajoler pour lui montrer que vous êtes très satisfait de ce qu'il a fait.

En revanche, s'il ne veut pas vous obéir, il est absolument inutile de le réprimander une fois que vous l'avez attrapé. Le chiot est en effet absolument incapable d'associer la punition au fait de ne pas avoir obéi au rappel. Il comprend simplement qu'il se fait réprimander s'il se laisse attraper et il risque d'avoir encore plus envie de se sauver les fois suivantes.

Je vous conseille enfin de recommencer plusieurs fois les exercices de rappel, en récompensant de temps en temps votre chien avec un biscuit, mais pas systématiquement.

Vous pouvez enfin mettre la laisse à votre chien, une fois qu'il a répondu plusieurs fois au rappel ; vous ne devez cependant pas le capturer ni l'interrompre dans un de ses jeux.

L'ordre « assis »

L'ordre « assis » est particulièrement utile dans l'éducation du chien. Il permet d'obtenir un meilleur contrôle sur lui : le chien apprend à rester tranquillement dans cette position de repos sans s'échapper.

Panna exécute l'ordre « assis » pendant une séance de marche à la laisse. Propr. L. Ginoulhiac (photo Sommaruga)

L'ordre « pas bouger » avec le chien assis (photo P. Sommaruga)

C'est un ordre facile à enseigner, surtout si les récompenses sont sous forme de friandises.
Au début, vous devrez l'aider à s'asseoir en appuyant sur son postérieur avec une main, tout en articulant bien le mot « assis » ou « sit » ou « assieds-toi ». Récompensez-le avec un biscuit pour chiens une fois qu'il a exécuté ce que vous lui demandiez de faire.
Vous pouvez également refaire cet exercice en ne lui présentant sa gamelle que quand il s'est assis. Vous pouvez poursuivre ensuite en plaçant son écuelle devant lui et en exigeant qu'il reste un moment en position « assis », avant de l'autoriser à se jeter sur sa nourriture.
En général, les chiots apprennent tellement vite qu'ils s'assoient automatiquement dès qu'ils veulent demander quelque chose.
La position assise est une position de repos qui permet au chien d'observer ce qui se passe autour de lui. Elle est donc plus facile à obtenir que la position « couché ».

L'ordre « pas bouger »

Vous pouvez commencer à enseigner cet ordre à votre chien, chez vous ou dans votre jardin, mais il ne faut pas qu'il soit distrait par des éléments extérieurs.
Après lui avoir mis la laisse, faites-le asseoir ; puis, en tenant sa

DRESSAGE ET JEU

Pour parvenir à dresser facilement son retriever, il est conseillé de toujours passer par le jeu.
Rien ne doit être imposé : il faut que le conducteur et son chien exécutent les exercices dans la bonne humeur.
Dans son livre Golden Retriever Today, *Valerie Foss écrit que la meilleure méthode de dressage consiste à débuter une leçon, généralement ressentie comme une contrainte, sans que le chiot ne s'en aperçoive. Ainsi, on ne risque pas de lasser son chien.*

laisse dans une main, éloignez-vous en lui donnant l'ordre « pas bouger » ou « stay », en plaçant votre main ouverte devant son museau.
Reculez le plus possible avec la laisse, le regard tourné vers votre chien, mais sans le fixer dans les yeux, puis revenez lentement à votre point de départ.
Les premières fois, vous ne devrez parcourir que quelques mètres. Si votre Golden est resté immobile, vous devrez le féliciter et lui montrer votre satisfaction en le caressant. La présence de la laisse est importante à ce stade de l'apprentissage, parce qu'elle vous permet de retenir immédiatement votre chien s'il veut quitter l'endroit où vous l'avez laissé.
Si votre chiot se lève dans votre direction ou veut s'éloigner de vous, vous devez lui adresser un « non » sec et le replacer dans sa position de départ. Vous pouvez également le placer encore plus loin de vous.
Continuez l'exercice en allongeant les distances, d'abord avec la laisse, puis sans laisse. Vous pouvez aussi tourner le dos à votre chien ou effectuer des parcours autour de lui, avant de le rejoindre.
Il est important qu'à la fin de l'exercice, vous reveniez vers votre chien ou que vous le rappeliez vers vous. En effet, votre chien doit comprendre qu'il ne risque pas d'être abandonné.
Le chien apprend ainsi que son maître revient toujours, même s'il faut pour cela parfois patienter pendant des heures. Naturellement, un tel résultat demande du temps et beaucoup de patience. Par la suite, il suffit de modifier légèrement et progressivement cet exercice pour que le chien reste longtemps à sa place sans voir son maître.
Enfin, l'ordre « pas bouger » pourra également être utilisé à distance, en dirigeant simplement sa main ouverte vers le chien.

L’ordre « couché »

On utilise cet ordre quand on veut que son chien reste à sa place pendant une longue période.
Normalement les chiens, et surtout les chiots, n’aiment pas tellement rester couchés sur le sol parce que, dans cette position, ils perdent contact avec ce qui les entoure, d’un point de vue olfactif et visuel.
L’apprentissage de cet ordre doit donc toujours s’accompagner de récompenses « gastronomiques ».
Après avoir donné l’ordre au chien de s’asseoir et obtenu l’abaissement de son train arrière, il faut lui demander de se coucher en lui disant « couché », tout en lui tirant les membres antérieurs vers l’avant jusqu’à ce que son sternum touche le sol.
Vous devez alors le caresser et le récompenser avec un biscuit.
Vous remarquerez que votre chiot se couche parfois sur le côté ou

L’ordre « pas bouger » avec le chien couché (photo P. Sommaruga)

LE SIFFLET

Pour dresser des retrievers, on a toujours besoin d’un sifflet, afin de travailler sur la distance d’un terrain de chasse.
Cet instrument peut aussi vous être utile si vous voulez enseigner à votre chien une obéissance élémentaire : le son qu’il produit a en effet l’avantage d’être uniforme et il ne laisse donc pas transparaître les signes de nervosité qui peuvent filtrer d’une intonation de la voix. Le son du sifflet peut désigner, selon sa fréquence, des ordres aussi divers que « viens », « stop », « assis », etc. Le coup de sifflet peut même être entendu à grande distance.

bien le ventre en l'air dans une position de soumission. Laissez-le faire, l'important est qu'il se couche et qu'il reste dans cette position. Il se mettra ensuite bien en place quand il exécutera l'ordre « pas bouger ».
Ce n'est en effet qu'en décubitus sternal, c'est-à-dire dans la position du sphinx, qu'il pourra vous suivre du regard pendant que vous vous éloignez.
La réussite de cet apprentissage dépend une fois de plus de votre patience et de votre persévérance.

La conduite au pied

L'enseignement de la conduite au pied avec une laisse repose sur un principe simple : un chien ne se sent pas à son aise quand il s'éloigne de son maître et ne ressent pas de gêne quand il reste au contraire à ses pieds.
Une fois que votre chien s'est habitué à la laisse, vous pouvez commencer à lui apprendre à se déplacer avec cette lanière.
Pour vous faciliter la tâche, vous pouvez utiliser un collier « étrangleur », qui se resserre quand le chien tire vers l'avant. Commencez alors à marcher tout en prononçant son nom, suivi de « au pied », « heel » ou « fuss ».
Un chien tenu en laisse marche généralement sur le côté gauche de son conducteur, mais je pense qu'il est utile de l'habituer à marcher des deux côtés.

La conduite au pied avec laisse (photo P. Sommaruga)

Si votre animal marche à vos côtés sans tirer sur la laisse, vous devez le féliciter. En revanche, si vous êtes obligé d'allonger le pas, il faut donner une secousse sèche sur la laisse et répéter votre ordre.
Il n'est pas nécessaire d'étrangler votre chien par des tractions violentes : il suffit en effet de donner un petit coup sec sur sa laisse.
Il faut répéter cet exercice plu-

La conduite au pied sans laisse (photo P. Sommaruga)

sieurs fois pour obtenir un déplacement parfait. Vous vous apercevrez qu'en progressant dans l'apprentissage, vous pourrez contrôler votre compagnon de la voix, sans avoir nécessairement recours au collier et à la laisse.

La conduite au pied sans laisse est un peu plus difficile à obtenir. Cet apprentissage est indispensable pour le chien de chasse, mais il peut également être utile pour les autres Golden.

Une fois que votre chien a parfaitement appris la conduite au pied avec laisse, vous pouvez alors la lui retirer et avancer en disant « au pied ». Si votre chien marche à côté de vous, attirez son attention joyeusement, tout en continuant à marcher ; si, au contraire, il commence à s'éloigner, rappelez-le en haussant le ton de votre voix ; si votre Golden s'enfuit vraiment, arrêtez-le avec un « non ! » décidé et rappelez-le vers vous avant de recommencer l'exercice.

Au début, cet apprentissage est assez difficile, mais votre chien apprendra rapidement si vous procédez par étapes et alternez fréquemment la conduite avec et sans laisse.

Le dressage pour la chasse

On ne peut pas dire que ce sujet me tienne particulièrement à cœur puisque je n'aime pas spécialement la chasse et que je ne la pratique pas. Toutefois, je reste fermement convaincue que l'instinct naturel d'un retriever doit toujours être cultivé, même en travaillant simplement avec un manchon.

Dans ce chapitre, je me contenterai d'exposer certains principes généraux qu'il est conseillé de suivre et qui doivent toujours être appliqués sous le contrôle d'un dresseur qualifié.

Foggy Day au travail avec le manchon (« dummy »). Propr. et photo M. Vanzetti

Un bon Golden Retriever de chasse doit savoir non seulement rapporter un gibier mort qu'il a vu tomber, mais aussi un animal blessé qui bouge encore. Il faut également qu'il sache retrouver un gibier qu'il n'a pas vu tomber, mais que son dresseur lui ordonne de rechercher. Il doit en outre savoir travailler à distance, en se dirigeant grâce aux mouvements de bras et aux coups de sifflet de son conducteur.

Il faut de deux à trois ans pour obtenir d'un chien de rapport qu'il sache se débrouiller en toutes circonstances. Par conséquent, il ne faut jamais vouloir aller trop vite. Le dressage doit toujours être progressif, même si votre chien travaille bien et vous donne entière satisfaction. Il est donc déconseillé de faire accomplir à son chien des exercices compliqués s'il ne sait pas encore exécuter à la perfection les épreuves de base.

Ainsi, si votre chien est capable de réussir un rapport ou un exercice difficile, il risque, en cas d'échec, d'échapper à tout contrôle : au lieu de progresser, vous n'auriez alors fait qu'un pas en arrière.

Il faut toujours se montrer patient et constant et ne pas prétendre, par

L'EAU

Il n'existe aucun problème particulier pour habituer un Golden à l'eau. Il suffit de commencer quand il est encore jeune, après ses rappels de vaccination, en le conduisant par exemple sur les bords d'un lac ou d'une rivière tranquille avec d'autres chiens plus aguerris.
Vous verrez que votre chiot se jettera immédiatement dans l'eau avec joie, en raison de son attirance innée pour cet élément.
S'il hésite et semble éprouver une certaine crainte, vous pouvez entrer dans l'eau et l'appeler, ou encore l'encourager en lui lançant un morceau de bois vers le bord de la rivière.
En cas de difficultés, vous pouvez être accompagné d'un chien adulte qui n'a pas peur et qui se jette sans hésiter dans l'eau. Vous constaterez alors que votre chiot le suit joyeusement.
Il ne faut jamais pousser ou forcer un chien à entrer dans l'eau, parce que cela pourrait l'effrayer définitivement.

Brenda est parfaitement à son aise dans son milieu naturel. Propr. et photo E. Santucci

Un chien de travail pendant un « working test ». Foggy Day. Prop. et photo M. Vanzetti

exemple, vouloir travailler six heures de suite deux fois par mois. En effet, la capacité de concentration d'un chien, surtout s'il est jeune, ne dépasse pas vingt minutes. Il est donc préférable d'effectuer des séances courtes mais fréquentes. Tout le travail lié à la chasse est basé sur le contrôle du chien à distance.

Avant de commencer les exercices sur le terrain, il faut donc que vous soyez certain que votre chien a acquis une très bonne obéissance de base. Il est parfaitement inutile d'exiger de votre chien qu'il rapporte un manchon s'il se montre hésitant sur un simple rappel.

Pour bien contrôler son chien à distance, notamment en ce qui concerne la direction, il faut lui enseigner à associer le geste au son, comme par exemple une main levée et un coup de sifflet, afin qu'il puisse comprendre les ordres de loin.

Le chien apprend ainsi à s'arrêter et à s'asseoir quand on le lui demande et il peut travailler sur des distances de plus en plus longues.

L'autre principe fondamental du dressage du chien de chasse est que celui-ci ne doit partir que quand on lui en donne l'ordre.

Il faut donc l'habituer à rester sans bouger à sa place, y compris s'il

Les cours de dressage organisés par le Retriever Club sont particulièrement utiles pour commencer à travailler avec son chien (photo C. Selberg)

voit tomber des objets devant lui ou s'il assiste à d'autres déplacements.

Durant les premières phases du dressage, il est préférable que le chien ne rapporte pas. On peut se fixer ensuite comme règle générale un rapport par leçon, même si on lance le « dummy » (c'est le nom du manchon, d'un poids variable, qui est lancé au chien pour l'habituer aux exercices de rapport) plusieurs fois au cours de la même séance.

L'instinct du retriever le pousse à courir immédiatement vers l'objet qu'il doit rapporter. Cependant, dans une battue, il est indispensable qu'il sache rester à sa place sans gêner qui que ce soit, jusqu'à ce que ce soit à son tour d'intervenir.

Le chien doit être indifférent aux déplacements, au désordre et à « l'euphorie » qui règnent pendant les parties de chasse. Il doit également savoir reconnaître parmi tous les sons et les gestes qu'il entend, ceux qui s'adressent expressément à lui.

Pour obtenir ce résultat, il faut que les ordres que vous donnez avec la voix ou le geste soient parfaitement clairs.

Il n'est pas nécessaire de crier ou de siffler très fort : il faut simplement que votre ordre soit suffi-

Brenda au cours d'un rapport exécuté pendant une épreuve de chasse. Prop. E. Santucci (photo D. Sirtori)

samment compréhensible. Vous pouvez également habituer votre chien à un léger coup de sifflet : ainsi, si vous devez accentuer votre ordre, vous n'aurez qu'à augmenter l'intensité de votre coup de sifflet pour obtenir un effet immédiat.

Il est également fondamental de varier les exercices et la succession des ordres pour ne pas lasser votre chien. A chaque séance, il faut renouveler et répéter plusieurs fois le même ordre, avant d'en introduire un nouveau. Essayez cependant d'apporter des variantes aux exercices que votre chien connaît déjà, afin de ne pas créer d'habitudes qui pourraient s'avérer néfastes.

Après avoir abordé les notions principales, je voudrais ajouter qu'il est difficile, pour un néophyte, de parvenir à dresser seul un chien pour la chasse. Il est en revanche recommandé de faire confiance à un expert : vous pouvez par exemple suivre quelques cours avec votre chien pour acquérir les bases nécessaires et poursuivre ensuite son apprentissage grâce à un travail régulier.

A la page suivante, Ch. It. Halloween du Domaine du Vexin, dite Pimpa, pendant une épreuve de chasse. Propr. M. Vanzetti

CHIENS DE TRAVAIL ET CHIENS D'EXPOSITION

Il existe à présent une grande différence entre les chiens de travail et ceux d'exposition. Les Golden « Dual Purpose », c'est-à-dire les sujets qui présentent cette double aptitude, ne sont pas aussi doués pour la chasse que les exemplaires sélectionnés uniquement pour le travail. C'est assez compréhensible si l'on pense que la spécialisation a désormais atteint un tel niveau qu'il est très difficile pour un champion de Beauté d'exceller également dans le domaine de la chasse.

Cette constatation ne s'applique évidemment qu'à des pays comme la Grande-Bretagne, où la concurrence est très élevée et où les compétitions sont d'un très haut niveau.

Dans d'autres pays, il peut arriver que l'on voit des chiens concourir en même temps dans les deux compétitions.

Selon moi, cette division entre les deux types de chien est inévitable. Je pense cependant qu'il ne faudrait pas en arriver à deux races complètement différentes. On ne doit en effet jamais oublier que le Golden reste un chien de chasse.

Ce problème pourrait être en partie résolu si l'on faisait passer des épreuves d'aptitude aux reproducteurs. Ainsi, un Golden à l'aspect typique, mais dont le caractère et les aptitudes ne reflètent pas le standard de la race, ne devrait pas être autorisé à se reproduire.

Cela ne veut pas dire pour autant qu'il faudrait obliger les chiens d'exposition à participer à des épreuves de travail, mais il serait souhaitable que des tests d'aptitude soient institués (comme cela se passe déjà dans d'autres pays), pour évaluer l'instinct au rapport et à la recherche de tous les Golden destinés à la reproduction.

Inversement, un chien de chasse, même brillant, devrait posséder toutes les caractéristiques morphologiques de la race à laquelle il appartient.

L'alimentation

par le professeur L. G. Cavalchini et le docteur C. Cristofalo

Comme tous les autres animaux, le chien a besoin d'un apport nutritif constant et d'une alimentation correcte.
La mastication chez le chien est très limitée et sa déglutition est assez rapide. L'aliment, surtout s'il est solide, reste longtemps dans son estomac (entre trois et douze heures) et est ensuite réduit en bouillie, avant de passer dans l'intestin où il est assimilé. Les principes nutritifs sont transportés, par le sang, vers les différents tissus qui ont besoin d'être alimentés.
L'appareil digestif du chien lui permet d'absorber des portions abondantes ; cependant, il faut que ses repas soient suffisamment espacés car son estomac se vide lentement.
Les aliments en morceaux sont préférables à la nourriture hachée.

Les chiens sont des animaux carnivores, mais un long processus d'adaptation et de cohabitation avec l'homme, les a conduit à consommer également des produits d'origine non animale. Ils ont toutefois besoin d'un régime concentré, ayant une valeur nutritive élevée, qui varie cependant en fonction de leur race, de leur âge, de leur état physiologique (entretien, croissance, reproduction, lactation) et du climat.
Pour obtenir de très bons résultats, il faut alimenter son chien de façon à lui fournir les quantités adéquates de principes nutritifs : protéines, glucides et graisses, ainsi que vitamines et sels minéraux. Un excès ou un manque de principes nutritifs entraîne un régime déséquilibré.

Une très bonne alimentation est indispensable pour maintenir le chien en bonne santé, ni trop gros ni trop maigre, avec un beau poil. Cette règle est encore plus importante pendant la phase de croissance du chiot, qui nécessite une attention et des soins particuliers. Pour alimenter correctement votre chien, il faut connaître la signification biologique des différents principes nutritifs, ainsi que les aliments qui les contiennent.

FRÉQUENCE DES REPAS JOURNALIERS

Mois	*1-3*	*4-7*	*8-18*	*19*
Repas	*4*	*3*	*2*	*1*

Pendant leur deuxième mois de gestation et en phase de lactation, les femelles doivent faire deux ou trois repas par jour.

L'énergie

Tout corps a besoin d'énergie, y compris quand il est au repos. Les principes nutritifs sont transportés dans les différentes cellules de l'organisme où, en présence d'oxygène, ils sont transformés en énergie. Ce processus de transformation produit également de la chaleur, qui permet au chien de maintenir constante sa température.

LE CHIEN GRAS

Pour savoir si votre chien est trop gros, il faut que vous regardiez si des acccumulations de graisse sont visibles sur son garrot, sa croupe et ses flancs.
Pesez régulièrement votre chien et notez son poids.
Supprimez toutes les collations entre les repas principaux et ne lui donnez plus de restes.
Sachez résister à son regard suppliant.
Adoptez des régimes spéciaux hypoénergétiques, mais bien équilibrés. Ils doivent contenir une proportion correcte de protéines, de vitamines et de sels minéraux.
Donnez à votre chien des préparations humides contenant suffisamment de fibres.
Laissez-lui quelques faux os à ronger.
Assurez-vous qu'il ne souffre pas de pathologies dues à des dérèglements hormonaux et métaboliques.
Faites-lui faire plus d'exercice.

Plus l'activité d'un animal est élevée, plus grande doit être la quantité de nourriture à transformer en énergie. Les chiots ont des besoins presque trois fois supérieurs à ceux d'un chien adulte. La valeur énergétique d'un aliment est généralement exprimée en énergie « métabolisable » (EM) et elle se mesure en kilocalories

(Kcal) ou en mégajoules (Mj). L'apport énergétique fourni par les matières grasses est environ deux fois plus élevé que celui qui provient des sucres et des protéines.
Un excès d'énergie est en général emmagasiné dans le corps sous forme de graisse. Il est donc conseillé de peser son chien régulièrement et de noter cette mesure afin de contrôler sa prise de poids.

Les principes nutritifs

Les hydrates de carbone ou glucides : ils représentent une source d'énergie nécessaire au travail musculaire et aux différentes activités corporelles. Certains ont une structure simple (fructose, lactose, etc.) mais d'autres, comme l'amidon, ont une forme plus complexe. Chez l'adulte comme chez le chiot, un excès de saccharose n'est pas toujours bien toléré et peut provoquer des diarrhées, en raison d'une présence insuffisante de l'enzyme spécifique (invertine) dans l'intestin du chien. De même, le chien adulte digère parfois mal le lait à cause d'un manque de lactase.
L'*amidon* est l'hydrate de carbone le plus important parmi les aliments du chien. On le trouve en abondance dans les céréales comme le froment (pain), le maïs (polenta, flocons de maïs, etc.) et dans le riz. Pour être bien digéré par le chien, l'amidon doit être bien cuit ou subir des traitements spécifiques.
La cellulose et les fibres brutes en général, contenues dans de nombreux végétaux, sont mal digérées par le chien. Ainsi, plus leur teneur est élevée, plus la valeur énergétique de l'aliment est basse. Cependant, la présence d'une petite quantité de fibres dans le régime peut se révéler utile, surtout chez les chiens adultes ou sédentaires : elle permet en effet d'éviter une prise de poids et de maintenir un bon transit intestinal.
Les graisses ou lipides : ces principes nutritifs sont indispensables pour l'organisme parce que ce sont des constituants cellulaires. Ils fournissent à l'organisme de l'énergie et donc également de la chaleur. Les lipides, présents dans le corps sous forme de graisse (sous-cutanée, péri-viscérale, intramusculaire), représentent des dépôts énergétiques dans lesquels l'organisme puise quand l'apport alimentaire est insuffisant. Ils agissent également comme isolant thermique.
Certains composés lipidiques remplissent les fonctions importantes de constituants cellulaires (phospholipides, glycolipides) et de régulateurs biologiques (cholestérol, hormones, vitamines liposolubles, bile). On trouve les graisses dans tous les aliments, aussi bien d'origine végétale (huiles) que d'origine animale (saindoux, lard, etc.). Leur présence dans le régime du chien est indispensable.

Les chiots peuvent être allaités par leur mère jusqu'à l'âge de deux mois, mais le sevrage commence souvent quelques semaines plus tôt (photo L. Ginoulhiac)

Les protéines : essentiellement plastiques, les protéines interviennent dans la formation de l'organisme et dans la constitution de nouvelles cellules. Elles jouent donc un rôle indispensable dans la formation, l'entretien et la remise en état des muscles, des os et des organes internes. Le besoin en protéines est particulièrement élevé chez le chiot en phase de croissance.

Les protéines peuvent être d'origine animale, comme la viande, le lait, le poissons ou les œufs, ou d'origine végétale, comme le soja, les petits pois, les haricots, etc. La valeur biologique des protéines et leur utilisation dépend du rapport qui existe entre les différents *amino-acides.* Il faut éviter d'accumuler des aminoacides en les assimilant au régime protéique quotidien du chien.

Les sels minéraux : selon la quantité présente dans l'organisme, on distingue les *macro-éléments* (calcium, phosphore, soufre, sodium, chlore, potassium, magnésium) et les *micro-éléments* (fer, cuivre, zinc, manganèse, iode, sélénium, cobalt, molybdène).

Les sels minéraux sont des constituants essentiels des tissus de l'organisme et ils remplissent une fonction aussi bien plastique que

Dès l'âge de trois semaines, surtout si la portée est nombreuse, on peut commencer à donner aux chiots leurs premières « bouillies » (photo C. Sonnet)

régulatrice. Ils participent à de nombreux processus biochimiques et jouent un rôle primordial dans le maintien de la pression osmotique et dans l'équilibre acido-basique des liquides corporels : ils interviennent dans la contraction musculaire, la transmission nerveuse, ainsi que dans la constitution de certaines enzymes et hormones. Les sels minéraux remplissent également une fonction dans la formation du squelette et leur présence est donc très importante pour le chien qui est en phase de croissance.

Ils sont contenus dans la farine d'os, le lait, le fromage, le poisson, la viande ainsi que dans de nombreux végétaux. Il est indispensable d'ajouter des sels minéraux dans l'alimentation du chien. Il faut également veiller à maintenir une proportion correcte entre certains couples de sels minéraux, comme le calcium et le phosphore, le fer et le cuivre, etc.

Les vitamines : on les divise généralement en liposolubles (A, D, E, K) et en hydrosolubles (B_1, B_2, acide pantothénique, acide nicotinique, B_6, acide folique, H, B_{12}, choline, C). Les vitamines agissent en petites quantités et interviennent dans de nombreux processus organiques essentiels.

La carence d'une ou de plusieurs vitamines peut entraîner de graves

déséquilibres et des troubles fonctionnels. Un excès de certaines vitamines peut également provoquer de sérieux problèmes de santé.
Les vitamines sont en général produites par les organismes végétaux et sont contenues dans le foie, les œufs, les germes de céréales, le levain, ainsi que dans les huiles végétales et animales. Comme elles perdent leur propriétés à la lumière et à la chaleur, il est conseillé de les incorporer à une préparation tiède, mais non bouillante. Il faut aussi faire attention à la composition des aliments tout prêts, parce qu'ils contiennent déjà des vitamines (indiquées sur la boîte). Une accumulation de vitamines constitue un excès dangereux.

Les aliments

La viande : il s'agit de viande bovine, de poulet, ou d'autres viandes. Elle peut être servie crue ou ébouillantée, selon sa qualité. La viande de porc doit toujours être bien cuite. L'apport protéique et énergétique de la viande varie énormément selon la quantité d'os et de gras qu'elle contient. Une part de viande présentant beaucoup de muscles a une valeur biologique élevée et se digère mieux. Les tendons, les cartilages et le collagène en général diminuent au contraire la valeur biologique de la viande et la rendent plus difficile à assimiler.
Les chiens digèrent la viande

Pendant la phase de croissance du chiot, il est important de le peser souvent, même si celui-ci n'a pas l'air très enthousiaste (photo E. Santucci)

LA VIANDE DOIT ÊTRE CUITE

Un chien digère mieux la viande crue, mais il est préférable de la faire bouillir si elle n'est ni très fraîche ni de bonne qualité. Quoi qu'il en soit, il faut toujours qu'elle soit peu cuite. En revanche, la viande de porc doit toujours être bien cuite pour éviter les risques d'infection (maladie d'Aujeszky) ou d'infestation (trichinose).

LES OS

Les chiens aiment beaucoup les os et particulièrement ceux qu'ils peuvent ronger, comme les os de gigot. Il faut cependant faire attention, notamment chez les chiens âgés et sédentaires, parce qu'un os peut provoquer des constipations ou même une occlusion intestinale. En outre, les éclats d'os peuvent perforer l'intestin. Il faut donc éviter notamment les os de poulet et de lapin.

avancée parce qu'ils peuvent produire une grande quantité de sucs gastriques.

Les abats : ils sont constitués de viscères tels que le cœur, le foie, les tripes, la rate, etc., et les chiens en sont en général friands. Cependant, leur apport protéique est inférieur à celui des muscles. Ce sont de très bons aliments, notamment pour les chiots en phase de croissance. Il est conseillé de les faire un peu cuire avant de les donner au chien.

Le poisson : il est plus apprécié s'il est cuit. Le poisson est une très bonne source de protéines qui se digère bien et qui présente une valeur biologique élevée. Il est également riche en sels minéraux et en vitamines. Il est recommandé d'en donner au chien en phase de croissance. On peut recourir au poisson séché, surtout l'hiver.

Les œufs : ce sont de très bons aliments, riches en protéines à valeur biologique élevée, en lipides et en vitamines. Les œufs sont particulièrement indiqués pour les chiots, les reproducteurs et pendant la période de lactation. Ils peuvent remplacer en partie la viande et le poisson et être administrés crus.

Le lait : c'est un excellent aliment qui apporte des protéines à valeur biologique élevée, des lipides, des vitamines et des sels minéraux. Le lait constitue un des principaux aliments du régime du chiot. Certains sujets adultes ne le digèrent pas bien en raison d'une carence en lactase (enzyme spécifique).

Le lard, les graisses et les huiles végétales : ce sont de très bonnes sources caloriques, très appréciées des chiens qui ont toujours tendance à en manger plus que nécessaire. Ces produits sont utiles au chien qui travaille et qui accomplit des

SUCRERIES ET CHOCOLAT

Les chiens sont gourmands et il est difficile de manger un peu de chocolat sans leur en donner un morceau.
Il faut cependant faire attention parce que le chien digère souvent mal ces sucreries et peut ensuite ressentir une gêne. On trouve dans le commerce des biscuits de substitution, mais il ne faut pas non plus en abuser.

efforts physiques, indispensables mais en petite quantité pour les autres chiens. Il est conseillé d'ajouter un peu d'huile à la ration du chien.
Le riz et les pâtes : ces aliments font partie des principales sources d'énergie parce qu'ils sont riches en amidon. Ils doivent être bien cuits pour être digérés.
Le pain sec : le pain est une très bonne source énergétique dont le chien est friand. Il doit être bien sec et conservé à l'air. Il ne doit cependant pas être moisi sous peine de nuire à la santé de votre chien.
Les flocons de céréales et le riz soufflé : ce sont de très bonnes sources énergétiques qui peuvent remplacer le riz, les pâtes et le pain. Ces céréales doivent toutefois subir un traitement préalable pour être bien digérées par le chien. Comme ce sont des aliments volumineux, il faut penser à tenir compte de leur poids et non de leur volume pour calculer la ration de votre chien.

Un chien doit toujours avoir de l'eau fraîche à sa disposition

Les Golden ont besoin de prendre l'air au moins une heure par jour. Maple se promène dans les champs (photo L. Ginoulhiac)

Les légumes et les fruits : leur valeur nutritive est faible mais les fibres brutes qu'ils contiennent peuvent être utiles aux chiens sédentaires qui montrent des signes d'obésité ou à ceux qui souffrent de constipation. Les légumes et les fruits peuvent être remplacés par quelques cuillerées de son.
L'eau : votre chien doit toujours en avoir à sa disposition.

Les aliments tout prêts

Il existe à présent dans le commerce un vaste choix de produits pour chiens et il est important de connaître ces différents types d'aliments, afin de les utiliser de la meilleure façon possible.
Une lecture attentive de l'étiquette figurant sur chaque produit vous fournira des informations utiles.
On peut distinguer trois types d'aliments tout prêts.
Les aliments simples : ce sont différents produits d'origine animale ou végétale (par exemple du riz soufflé).
Les aliments complets : ils sont composés de plusieurs produits pouvant satisfaire les exigences nutritives du chien, sans ajout d'autre aliment ni de vitamines.
Les aliments complémentaires :

ce sont des mélanges qui présentent une teneur élevée en certaines substances (par exemple protéines, sels minéraux, etc.), mais qui doivent être associés à d'autres aliments pour satisfaire les exigences nutritives du chien.

La qualité d'un aliment pour chiens dépend des matières premières utilisées, de sa composition, des traitements chimiques qu'il a subis, de la forme sous laquelle il se présente (flocons, granulés, boulettes, brisures de riz, riz soufflé, biscuits, etc.) ainsi que de sa conservation.

Les étiquettes collées sur ces produits sont tenues d'indiquer la date de fabrication, la date limite de conservation, le mode de préparation ainsi que la composition, qui doit en outre être détaillée selon un ordre décroissant de quantité, ou exprimée en pourcentage. Sur cette étiquette doivent également figurer les données chimiques concernant la teneur en principes nutritifs (eau, protéine brute, matières grasses brutes, cellulose brute, cendres) ainsi que la quantité de vitamines et de sels minéraux ajoutée par kilogramme d'aliment.

Les aliments tout prêts permettent d'établir un régime qui tienne compte des besoins réels du chien et qui respecte l'équilibre entre les protéines et l'énergie. En outre, à la différence de ce qui se produit souvent quand on prépare soi-même les rations, l'apport de vitamines et de sels minéraux est parfaitement correct.

La composition d'un bon aliment

MENDIER À TABLE

C'est une mauvaise habitude due au « bon cœur » du maître qui donne une bouchée de temps en temps à son chien.
Ne lui donnez jamais à manger quand vous êtes assis à table ou quand vous préparez le repas. Faites-le manger avant vous et, si cela est nécessaire, éloignez-le au moment des repas.

ATTENTION AUX EXCÈS DE NOURRITURE

Il existe dans le commerce de nombreux produits qui sont spécialement conçus pour plaire aux chiens. Il faut cependant éviter les excès qui ont souvent des répercutions sur la santé de votre animal.
Il ne faut pas lui donner trop de protéines, trop de matières grasses ni trop de vitamines.
Faites attention aux accumulations de substances contenues dans les différents aliments, en particulier les vitamines et les sels minéraux.
Apprenez à lire les étiquettes sur les produits.

EXEMPLES DE MENUS

Les doses doivent varier selon l'activité du chien. Les restes de repas ne doivent pas enfreindre les règles fondamentales de l'alimentation.

Viande de bœuf fraîche, poulet ou dinde bouillie
Pain bien sec ou biscuit
Un peu d'huile d'olive
Bouillon chaud
Apport de vitamines et de sels minéraux

Viande congelée
Riz ou pâtes bien cuits
Mélange de légumes
Un peu d'huile d'olive
Apport de vitamines et de sels minéraux

Viande congelée
Flocons de céréales en mélange ou riz soufflé
Une cuillerée de son
De l'eau chaude
(L'apport de vitamines et de sels minéraux est déjà assuré)

Aliment complet en croquettes, en boulettes ou en petits cubes
(Se conformer aux quantités indiquées sur l'étiquette)

Aliment complet en flocons qu'il faut tremper dans de l'eau chaude, du bouillon ou du lait
(Se conformer aux quantités indiquées sur l'étiquette)

complet pour chiens adultes doit présenter les caractéristiques suivantes :
– taux d'humidité maximal 13 % ;
– protéine brute 22-25 % ;
– lipide brute 4-8 %.

L'alimentation du chiot

Dès le vingt-cinquième jour, vous pouvez commencer à compléter l'alimentation maternelle par quelques repas composés de lait et de jaune d'œuf, à raison d'un jaune pour 100 ml.
Le véritable sevrage commence à partir du trentième jour et se traduit par une alimentation plus sèche.
Un sevrage précoce fatigue moins la mère et est même conseillé quand les portées sont nombreuses. Les chiots doivent être séparés de leur mère pendant des périodes de plus en plus longues et ils sont définitivement sevrés et alimentés artificiellement entre le quarante-cinquième et le cinquante-cinquième jour. Au début du sevrage, vous devez ajouter au lait de vache un peu de viande passée au mixeur ou finement hachée, ou encore donner au chiot du lait homogénéisé.
Vous pouvez ensuite passer à une alimentation plus sèche, constituée de : viande et/ou poisson de bonne qualité ; riz bien cuit et/ou flocons de céréales ; lait ; un peu d'huile ; des vitamines et des sels minéraux.
Le lait, la viande et le poisson doivent être présents en plus gran-

Ch. Int. Sherida Viceroy (issu de Sherida Sirdar et de Sherida Savyda). Propr. et photo M. Vallois

de quantité que les céréales : ils doivent constituer 80 % de la ration à quarante jours et 60 % à soixante jours.

Augmentez peu à peu la proportion de céréales. La viande peut être administrée crue, si elle est de bonne qualité, mais il est préférable de l'ébouillanter.

Un des repas du chiot peut être constitué d'un biscuit sec et de lait.

Pendant toute sa période de croissance, vous pouvez donner à votre chiot un jaune d'œuf cru trois ou quatre fois par semaine et du fromage pour remplacer en partie la viande.

Les vitamines et les sels minéraux intégrés à l'alimentation doivent contenir suffisamment de calcium et de phosphore.

- *Laissez toujours de l'eau à la disposition de votre chiot.*
- *Ne laissez pas d'aliments avancés dans son écuelle.*

La santé et l'hygiène

par le professeur L. G. Cavalchini
et le docteur C. Cristofalo

Quand on achète ou que l'on se fait offrir un chien, que ce soit un chiot ou un chien adulte, notre premier réflexe est de le dorloter et de lui montrer notre affection. Il ne faut cependant pas oublier que nous devenons alors également responsables de sa santé. Les maladies et les risques sanitaires en général sont multiples et on est souvent tenté de se substituer au vétérinaire de façon empirique, au risque de commettre des erreurs. De même que chaque famille possède son médecin habituel à qui elle confie sa santé, il est conseillé de connaître un vétérinaire à qui l'on puisse faire confiance. Il pourra suivre votre chien dans le temps, le vacciner et intervenir en cas d'urgence. Un rapport de confiance entre vous et le vétérinaire est indispensable pour délivrer des diagnostics corrects et appliquer les soins appropriés. Si votre vétérinaire est absent et que la situation est urgente, vous pouvez vous adresser à des postes de secours qui fonctionnent même de nuit. Outre les généralistes, il existe parmi les vétérinaires des spécialistes qui traitent les affections cliniques des animaux. Ils sont spécialisés dans différentes branches comme la cardiologie, l'ophtalmologie, la traumatologie, l'homéopathie, la cancérologie, etc. En cas de besoin, vous devez demander à votre vétérinaire qu'il vous conseille un spécialiste. Quoi qu'il en soit, c'est vous qui passez le plus de temps avec votre compagnon et qui pouvez contrôler les principaux moments de sa journée : alimentation, promenade, jeu, sommeil.

LE CHIEN EN BONNE SANTÉ

Ce qu'il faut observer	*Comment il doit être*
comportement	attentif, vif, équilibré
appétit	correct et approprié, solide
mouvement	coordonné, fluide, agile
sommeil	régulier, pas excessif

SYMPTÔMES D'UNE MALADIE GRAVE

- *Respiration et battements cardiaques ralentis, accélérés, arythmiques, superficiels.*
- *Température corporelle : basse (hypothermie), haute (fièvre).*
- *Méléna (présence de sang dans les selles).*
- *Hématurie (présence de sang dans les urines).*
- *Hématémèse (vomissement de sang).*
- *Rhinoragie (écoulement de sang par le nez).*

Les changements d'attitude et les légères modifications de comportement de votre chien doivent vous alerter et vous faire suspecter un état de malaise. Dans une certaine mesure, on peut comparer un chien à un nouveau-né qui ne peut pas exprimer ses sensations par la parole, mais uniquement à travers des comportements spécifiques et des signaux sonores particuliers. Examinons à présent quels sont les symptômes généraux auxquels il faut prêter attention et pour lesquels il est conseillé de consulter le vétérinaire en cas de persistance.

Il est impossible de connaître l'ensemble des symptômes et des maladies du chien et d'imaginer que vous pourrez les soigner seul. Il est cependant important de savoir à quel moment la situation néces-

SYMPTÔMES GÉNÉRAUX D'UNE MALADIE

- *Mollesse.*
- *Abattement.*
- *Refus de jouer.*
- *Manque d'appétit (anorexie).*
- *Vomissements et/ou diarrhées persistants.*
- *Ecoulement nasal et conjonctival.*
- *Soif et/ou faim injustifiées.*
- *Amaigrissement apparent.*
- *Poils opaques.*

site une intervention rapide du vétérinaire. En effet, certains symptômes sont les signes d'une grave pathologie. Un certain nombre de paramètres physiologiques de référence peuvent donc vous

PARAMÈTRES PHYSIOLOGIQUES DE RÉFÉRENCE

Paramètres	***Chiot***	***Adulte***
température corporelle	38-39 °C	37,5-38,5 °C
fréquence respiratoire (par mn[1])	20-22	14-20
pulsations cardiaques (par mn)	100-130	60-120

1. La fréquence augmente si la température extérieure est élevée.

COMMENT MESURER

La température

Beaucoup de propriétaires de chiens détectent une hausse de température en observant la truffe (extrémité du nez) de leur animal : si elle n'est pas humide et fraîche, ils en déduisent que leur chien a de la fièvre.

Cela n'est cependant pas toujours vrai. Il est donc toujours préférable de mesurer la température rectale de son chien avec un thermomètre vétérinaire ou pédiatrique, préalablement lubrifié avec de l'huile ou de la vaseline.

Soulevez la queue de votre chien et, toujours en le maintenant, introduisez délicatement le thermomètre (2-3 cm) et attendez environ trois minutes.

Les pulsations cardiaques

Vous pouvez coller directement votre oreille sur le thorax de votre chien pour entendre son battement cardiaque. Vous pouvez également relever les pulsations de son artère fémorale en pressant en même temps l'extérieur de sa cuisse avec votre pouce et l'intérieur de sa cuisse avec l'index et le médium. L'artère est ainsi délicatement compressée contre le fémur et le pouls devient perceptible.

La fréquence respiratoire

Il faut observer le thorax et compter le nombre de respirations par minute, en tenant compte également de leur rythme et de leur ampleur.

être utiles pour apprécier l'état de santé de votre chien qui, nous vous le rappelons, doit être observé au repos.
En effet, l'effort physique ou le jeu peut accélérer la respiration et les pulsations cardiaques de votre chien et même faire monter sa température, sans que cela soit un signe de pathologie pour autant.

Les maladies du chien

Un chien peut être atteint de nombreuses maladies, dont la plupart sont d'origine infectieuse.

Les maladies organiques

Ce sont les maladies qui concernent un organe spécifique ou une partie de celui-ci. Leur étiologie est variable et leur évolution n'est pas toujours identique. Elles ne sont pas obligatoirement contagieuses. Leur guérison dépend directement de la gravité des symptômes.

Les maladies infectieuses

D'origine virale et bactérienne, les maladies infectieuses touchent généralement plusieurs organes. Elles sont contagieuses et souvent mortelles. La guérison dépend de la gravité des symptômes et des défenses immunitaires du chien. On peut les prévenir par la vaccination.
Maladie de Carré : cette maladie frappe les chiens de tous âges ; sa période d'incubation est d'environ trois à sept jours.
Le chien atteint peut présenter : des sécrétions purulentes des muqueuses oculo-nasales ; une conjonctivite accompagnée de photophobie ; une toux présentant des complica-

EXEMPLES DE MALADIES ORGANIQUES

Maladie	*Organe touché*	*Maladie*	*Organe touché*
otite	oreille	cystite	vessie
stomatite	bouche	prostatite	prostate
bronchite	bronches	myosite	muscles
endométrite	utérus	névrite	nerfs
néphrite	reins		

PRINCIPALES MALADIES INFECTIEUSES

Maladie	*Etiologie*	*Transmission*	*Prévention*
maladie de Carré	paramixovirus et bactéries	directe-indirecte, très contagieuse	vaccinations
hépatite virale ou infectieuse	adénovirus	par contact direct, contagieuse	vaccinations
herpès	herpès virus	intra-utérine et par contact direct	vaccinations
parvovirose	parvovirus très résistant	très contagieuse	vaccinations
toux de chenil	adénovirus	très contagieuse	vaccinations
rage	rhabdovirus	contagion par morsure	vaccinations
leptospirose	leptospira (variée)	contagion par voie orale	vaccinations

tions pulmonaires qui peuvent entraîner une broncho-pneumonie ; une gastro-entérite ; une température très élevée (41 °C) dans la première phase de la maladie puis un retour à la normale pendant le stade nerveux ; enfin des dommages irréversibles sur le système nerveux (paralysie des membres postérieurs et tics nerveux). Cette maladie est souvent mortelle.

Hépatite infectieuse virale : elle frappe les chiens de tous âges et son incubation est de trois à neuf jours. Fièvre au début de la maladie ; conjonctivite séreuse et inflammation de l'iris ; amygdalite ; apparition de pétéchies sur la peau de l'abdomen ; réaction douloureuse de l'abdomen ; opacités cornéennes qui apparaissent après une à trois semaines.

Herpès : cette maladie, qui peut frapper les nouveau-nés, est souvent mortelle. Chez les jeunes chiens, plusieurs organes peuvent être touchés, entraînant diarrhées, vomissements, trachéite ainsi

qu'une symptomatologie nerveuse. Chez l'adulte, le symptôme le plus fréquent est une laryngo-trachéo-bronchite accompagnée d'une rhinite. On peut également rencontrer une forme génitale chez les deux sexes.
Parvovirose : gastro-entérite hémorragique, vomissements, déshydratation et perte de poids, abattement, hypothermie, leucopénie. La forme cardiaque de la parvovirose est souvent mortelle chez les chiots.
Toux de chenil : laryngo-trachéo-bronchite bénigne accompagnée de toux. Elle se propage rapidement dans les chenils où le nombre de chiens est élevé.
Rage : elle est transmise par la morsure d'un animal contaminé et frappe de nombreux mammifères, sauvages et domestiques. Le système nerveux est atteint, ce qui se traduit par une paralysie progressive de l'animal ; le comportement du chien subit des modifications plus ou moins importantes ; sous sa forme muette, la rage présente des phénomènes de paralysie progressive des muscles de la bouche, des cordes vocales et d'autres muscles de la tête, entraînant sialorrhée, aphonie et incapacité de déglutir et de boire.
Dans la rage dite furieuse, le chien traverse une période extrêmement agitée à laquelle succède un état d'hyperexcitation accompagné d'une salivation abondante et de fréquents hurlements. La paralysie s'étend à tout le corps de l'animal et entraîne sa mort. Danger de contagion pour l'homme.
Leptospirose : elle affecte les chiens de tous âges ainsi que de nombreuses autres espèces animales, y compris l'homme. Les souris et les rats sont les principaux vecteurs de contagion de la leptospirose. Cette maladie présente des états morbides plus ou moins graves : néphrite, conjonctivite, légère parésie des membres postérieurs, gastrite accompagnée de vomissements, déficit cardio-circulatoire, ictère et plus rarement broncho-pneumonie. Cette maladie est souvent mortelle.

Les maladies parasitaires (parasitoses)

Les maladies parasitaires sont provoquées par des organismes unicellulaires comme les coccidies ou par des parasites plus complexes comme les vers intestinaux. Les parasites vivent aux dépens du chien dans un état d'équilibre dynamique qui peut, dans les cas extrêmes d'infestation, conduire à la mort de l'animal.
En détruisant les tissus ou en privant le chien d'éléments nutritifs, les parasites affaiblissent énormément le sujet et le rendent encore plus sensible aux maladies infectieuses.

SYMPTÔMES DES PRINCIPALES MALADIES PARASITAIRES		
Parasites	***Symptômes***	***Soins***
cutanés	dermatites superficielles, dermatites profondes, pellicules, poils opaques, alopécie	poudres, bains, gouttes, épongeages, colliers, etc.
intestinaux	amaigrissement, diarrhées, flatulences, vomissements occasionnels, poils opaques	produits variés sous forme de comprimés, de crème, de gouttes et de sirops
hématiques	insuffisance cardiocirculatoire, forte anémie	variés et complexes
auriculaires	otite séreuse avec complications	gouttes auriculaires

La contamination se produit en général par l'absorption d'œufs ou d'autres formes larvaires dispersées dans l'environnement par d'autres chiens déjà malades. Il faut donc contrôler régulièrement votre animal afin de protéger non seulement sa santé, mais également celles des autres chiens, en réduisant les risques de transmission.
Certains de ces parasites sont également dangereux pour l'homme, qui leur servent souvent d'hôtes intermédiaires (par exemple : le ténia échinocoque).
Les soins que nous avons indiqués dans le tableau ci-dessus sont purement indicatifs : ils doivent être appliqués en tenant compte du parasite et de l'organe touché. Respectez attentivement les prescriptions du vétérinaire parce que l'absorption d'un médicament peut également nuire à un chien.

Les mycoses

Ce sont des pathologies provoquées par des champignons, une fermentation ou des moisissures microscopiques. Elles sont contagieuses pour le chien et pour l'homme, notamment pour l'enfant (teigne). Les risques de contamination du chien sont réduits si son cadre de vie et sa peau sont soumis à une bonne hygiène. Dans la plupart des cas, les mycoses sont curables ; sous leurs formes les plus communes, elles se manifestent par des pertes de poils localisées (alopécie).

Les maladies congénitales

Ce sont des maladies qui sont déjà présentes à la naissance et qui proviennent de causes génétiques ou de carences nutritionnelles de la chienne ; les organes touchés sont très variés. Ces maladies ne sont pas contagieuses et ne sont pas obligatoirement incompatibles avec la vie du chiot.

Les maladies héréditaires

Ce sont des pathologies provoquées par des gènes particuliers que le chiot hérite de ses parents. Elles peuvent être apparentes dès la naissance du chiot ou survenir plus tard. Le chien frappé par ce type de maladies transmettra ces mêmes défauts à sa descendance. Les maladies héréditaires les plus connues sont : la dysplasie de la hanche, les maladies de l'œil et l'hémophilie.
Dysplasie de la hanche : c'est une pathologie qui concerne l'articulation coxo-fémorale et qui peut provoquer, dans les cas les plus graves, une *boiterie* plus ou moins évidente des membres postérieurs. Cette maladie est due à la déformation de la jointure de l'articulation, qui a comme conséquence la *luxation*, l'usure et l'érosion du cartilage. Avec le temps, la dégénérescence entraîne des phénomènes d'*arthrose* déformante.
Bien que l'origine génétique de cette maladie ait été mise en évidence, on ignore toujours son mode de transmission, qui semble particulièrement complexe : en effet, plusieurs gènes semblent impliqués (polygénisme) et leur effet pourrait être multiplié par les caractéristiques du milieu de naissance et de croissance des chiens. Ce caractère héréditaire récessif peut masquer la dysplasie chez les parents et n'apparaître que chez les enfants. En outre, certaines races semblent plus exposées que d'autres.
En effet, la formation anatomique en général, qu'elle soit osseuse ou musculaire et notamment les dimensions des os pelviens et leur inclinaison, jouent probablement un rôle important. Ainsi, la dysplasie se manifeste plus facilement chez les sujets à la croissance rapide. La radiographie de l'articulation coxo-fémorale constitue aujourd'hui le meilleur moyen d'identifier les sujets atteints et ceux qui sont porteurs d'une légère anomalie. Cette radio doit être effectuée sous anesthésie générale par un vétérinaire spécialisé : il faut en effet que le relâchement musculaire du chien soit total et que sa position dorso-ventrale soit correcte.

Les premiers soins

L'état de choc

On parle d'état de choc quand :
– il existe une grave insuffisance cardio-circulatoire ;
– on constate une vasodilatation périphérique ;
– il y a accumulation de substances toxiques dans les tissus.

Causes
Forts traumatismes ; réactions anaphylactiques ; pathologies cardiaques et neurologiques ; toxicose et déshydratation ; décharges électriques.

Symptômes
Muqueuses pâles ; fort abattement ; baisse de la température corporelle et tremblements musculaires ; pouls faible et rapide ; respiration superficielle ; perte de selles et d'urine ; vomissement ; collapsus.

Comment intervenir ?
Gardez votre chien au chaud et au calme ; appelez aussitôt le vétérinaire pour qu'il effectue éventuellement une perfusion ou une transfusion sanguine et qu'il administre à votre animal des médicaments analgésiques, des analeptiques ou de l'oxygène, pour lutter contre son état de choc. Votre chien doit rester sous contrôle vétérinaire pendant quelques jours, jusqu'à ce que le phénomène se soit entièrement résorbé.

COMMENT ÉVITER LES EMPOISONNEMENTS ACCIDENTELS

• Veillez que votre chien n'ingère pas de shampooing ou de produits antiparasites au moment où vous le traitez.
• Evitez de laisser votre chien aller dans une cave ou dans une cour qui a subi récemment un traitement désinfectant ou une dératisation.
• Eloignez votre chien de l'eau des radiateurs automobiles (l'antigel a un goût douceâtre et peut l'attirer).
• Placez tous vos médicaments, substances toxiques et chimiques à usage domestique hors de portée de votre chien.
• Ne rangez pas de produits dangereux au milieu des aliments.
• Ne laissez pas de médicaments à la portée de votre chien, surtout s'il s'agit d'un chiot.
• Pensez à retirer les écuelles de votre chien du jardin, au moment où vous effectuez un traitement antiparasite.
• Débarrassez-vous immédiatement des petits animaux morts que vous trouvez dans votre cour ou dans votre jardin.

Les empoisonnements

Ils peuvent être accidentels ou criminels. Si vous vous apercevez que votre chien a ingéré des substances dangereuses, vous pouvez essayer de le faire vomir en lui donnant un demi-verre d'eau mélangé à une cuillère à soupe de sel ou en stimulant son palais et son arrière-gorge. Il faut cependant prescrire cette intervention si votre chien a ingéré des acides, des alcalins forts ou encore des objets coupants. Si vous voulez éviter les empoisonnements criminels, il faut appren-

EMPOISONNEMENTS ACCIDENTELS OU CRIMINELS

Type de poison	*Symptômes*
produits à base de phosphore (antiparasites)	salivation, contractions musculaires plus ou moins importantes, convulsions, vomissements, diarrhées, pupille fermée (myosis) non réactive, spasme bronchique, œdème pulmonaire, cyanose
strychnine (raticide)	convulsions, dyspnée (respiration irrégulière), écume aux coins de la bouche et asphyxie par paralysie spasmodique des muscles intercostaux et du diaphragme, mort
produits à base de cyanure (désherbants)	étourdissement, affaiblissement musculaire, respiration haletante et profonde, collapsus, mort ; l'haleine a l'odeur de l'amande amère
raticide	salivation abondante, vomissements, œdème pulmonaire et dyspnée, faiblesse musculaire, pouls faible et rapide
dicoumarine (contre les rongeurs)	dépression, fièvre, hémorragies multiples associées à un temps de coagulation plus long, ecchymoses sur la peau, anémie, pouls rapide et faible, hémorragies, dyspnée, mort
glycol éthylénique (antigel)	pouls rapide, ataxie, délire, dyspnée, vomissements, anurie (absence d'urines), oligurie (urines peu nombreuses), déshydratation
médicaments	variables en fonction du produit

dre à votre chien à refuser la nourriture offerte par un étranger ainsi que les morceaux qu'il trouve n'importe où. Contre les empoisonnements accidentels, il suffit de respecter des règles de bon sens.

Les piqûres d'insectes

Les chiens se font souvent piquer la tête par des abeilles, des guêpes, des taons, etc. Les piqûres, bien que douloureuses, ont des effets souvent passagers et sans gravité. Il suffit en général de refroidir la partie touchée à grande eau et d'administrer au chien des antihis-taminiques par voie buccale. La situation devient plus sérieuse si le chien se fait piquer dans l'arrière-gorge au moment où il essaie de capturer l'insecte. La réaction de gonflement peut être importante et il existe un risque d'étouffement grave. Il faut donc consulter immédiatement le vétérinaire ou, en cas d'urgence, administrer au chien des antihistaminiques par voie parentérale (injection). En cas de piqûres multiples, il faut appeler immédiatement le vétérinaire, pour qu'il intervienne avant que ne se produise un choc anaphylactique.

La morsure de vipère

C'est le museau du chien qui est le plus souvent touché, au moment où il tente d'attraper une vipère. Si l'animal est en bonne santé, il se remet en général facilement de son intoxication, à condition toutefois que l'on ait appelé le vétérinaire pour qu'il lui administre un sérum antivenimeux.

Le coup de chaleur

Il se produit surtout pendant l'été ou durant les mois chauds, en particulier quand on laisse un chien enfermé dans une voiture toutes vitres fermées. Pour maintenir son corps à température constante, le chien recherche généralement le contact de surfaces fraîches et ombragées. S'il n'a pas cette possibilité, il tente de ventiler davantage ses poumons, mais souvent sans succès. Les symptômes évidents du coup de chaleur sont : allure chancelante, hausse considérable de sa température rectale, épiderme chaud et sec, pouls rapide, dyspnée, collapsus et mort de l'animal. En présence de tels symptômes, essayez de faire tomber la température corporelle du chien et de le faire sortir du collapsus, en le baignant dans l'eau froide et en le plaçant dans un lieu frais et ombragé. Appelez d'urgence le vétérinaire.

Les fractures

Les fractures les plus fréquentes sont celles des membres, de la co-

lonne vertébrale et de la mâchoire. Elles proviennent en général de traumatismes violents, tels une collision avec une voiture ou une chute de haut. Les fractures peuvent impliquer un ou plusieurs os et, dans les cas les plus graves, les moignons sortent de la blessure (fracture ouverte).
Les symptômes sont : boiterie avec sensation de douleur, tuméfactions, hémorragies, parésie ou paralysie et, dans les cas les plus graves, état de choc. Dans cette dernière circonstance, il faut laisser le chien tranquille pour qu'il ait le temps de reprendre ses esprits et de s'adapter à la douleur vive qu'il ressent. S'il s'agit d'une fracture d'une patte, essayez de le déplacer le moins possible. Si l'intervention du vétérinaire n'est pas immédiate, immobilisez provisoirement le membre avec une attelle en bois et des bandelettes. Il faut toujours nettoyer et désinfecter les blessures avant de les recouvrir de gaze. Si le chien est incapable de se déplacer, allongez-le sur une grosse toile pouvant supporter son poids et transportez-le chez le vétérinaire. Vous devez faire très attention à ne pas solliciter sa colonne vertébrale. Il est toujours conseillé d'effectuer ensuite une visite vétérinaire approfondie et de passer des radios, même en cas de traumatisme léger ou de fracture sans gravité : en effet, une fracture mal soignée peut provoquer des anomalies permanentes.

Les urgences

Comment se comporter avec un chien traumatisé ?

Un chien traumatisé, le plus souvent après avoir été renversé par une voiture, est toujours très effrayé et désorienté. Il faut donc l'approcher avec prudence pour ne pas accroître sa peur et éviter qu'il ne se sauve et que vous ne puissiez pas le rattraper. Parlez-lui d'une voix calme et essayez surtout de le rassurer sans l'obliger à s'immobiliser. Si le chien a subi un traumatisme particulièrement violent, il est peut-être en état de choc ou ressent certainement de grandes douleurs dues aux fractures et aux contusions. Il faut encore que vous vous approchiez lentement de lui, tout en lui parlant calmement : le chien est capable de reconnaître le timbre de votre voix et de s'en trouver rassuré. Ne faites pas de mouvements brusques et méfiez-vous parce que le chien pourrait se montrer particulièrement irritable et agressif en raison de la peur et de la douleur qu'il ressent. Vos tentatives de soins pourraient très bien se solder par une morsure. Si vous sentez que cela est plus prudent, mettez-lui une muselière ou un cordon autour du cou avant de le déplacer ou de le soulever. Essayez toujours de rester calme car le chien est capable de percevoir votre tension et d'en devenir encore plus irritable. Portez-lui secours avec délicatesse afin de ne pas aggraver les traumatismes qu'il a subis et faites-le examiner le plus rapidement possible par un vétérinaire ou dans un centre d'urgences.

Comment le transporter ?

Si le chien n'est pas capable de se lever spontanément et de marcher, vous devez essayer de le soulever le plus doucement possible.
Les chiens de grande taille peuvent être transportés sur une civière de fortune : une couverture, un manteau ou une toile tenue aux quatre coins. Faites le moins de déplacements possibles ; si ses pattes arrière vous semblent complètement paralysées, il s'agit certainement d'un traumatisme à la colonne vertébrale. Dans ce cas, essayez de préserver la moelle épinière en n'imprimant pas de flexions dangereuses sur l'épine dorsale.

Comment intervenir en cas de blessure ?

Il est impossible de traiter spécifiquement toutes les blessures qu'un chien peut se faire en jouant, en travaillant et même en mangeant. Nous vous présentons donc quelques règles générales qui pourront vous aider.
En premier lieu, arrêtez l'hémorragie en comprimant la zone de la blessure avec un mouchoir ou un tissu propre. S'il s'agit d'une forte hémorragie, qui suit par exemple une blessure à une patte, essayez de la freiner en faisant pression au-dessus de la coupure. Vous remarquerez aussitôt que l'écoulement de sang diminue.
Utilisez une ceinture, un lacet ou une cravate en guise de garrot ; desserrez-le de temps en temps (toutes les dix minutes), pour qu'un peu de sang puisse circuler dans la patte blessée.
Si la blessure se situe sur l'abdomen ou le thorax du chien, essayez de la comprimer avec un mouchoir ou un morceau de toile replié. Dans la plupart des cas, on parvient ainsi à arrêter l'écoulement de sang ; cependant, il est parfois nécessaire que le vétérinaire suture la plaie pour freiner définitivement l'hémorragie.
Deuxièmement, il faut désinfecter abondamment la blessure en cherchant à enlever la terre ou les saletés qui se trouvent à sa surface. Attention, un chien irrité peut très bien vous mordre ; mettez-lui une muselière avant d'intervenir. Appliquez une gaze provisoire sur la blessure que vous venez de nettoyer et de désinfecter, afin qu'elle ne se salisse pas de nouveau. Rendez-vous ensuite chez le vétérinaire qui pourra déterminer la nature de la blessure. Dans le cas de blessures aux pattes, il arrive que des tendons

et des nerfs soient touchés : ils devront être rapidement suturés pour éviter des lésions définitives.
S'il s'agit d'une fracture ouverte, essayez de la nettoyer avec du sérum physiologique et de l'eau oxygénée, recouvrez-la d'une gaze et allez immédiatement chez le vétérinaire. Les tissus atteints peuvent facilement s'infecter et provoquer des maladies très difficiles à soigner (ostéomyélite).

Les lésions aux yeux, aux oreilles ou au nez

Les griffures de chat ou de chien peuvent provoquer une grave lésion de la cornée. Il arrive également que le globe oculaire sorte de son orbite à la suite d'un traumatisme violent. Il faut toujours laver le globe oculaire avec du sérum physiologique, de l'acide borique ou, si vous n'avez rien d'autre, de l'eau propre. Appliquez un mouchoir mouillé sur l'œil qui a subi le prolapsus, afin qu'il demeure toujours humide ; ensuite, précipitez-vous aussitôt chez le vétérinaire. Faites attention, parce que les lésions aux yeux sont toujours très douloureuses.
Le traumatisme qui frappe le plus fréquemment les oreilles est une blessure présentant une lacération et un saignement ou un hématome interne dans le pavillon auriculaire. Il faut essayer dans les deux cas d'arrêter l'hémorragie en comprimant la partie touchée : on peut, pour cela, bander l'oreille contre la tête et appliquer de la glace. Il faut consulter le vétérinaire le plus vite possible.
Les hémorragies du nez sont peut-être celles qui provoquent le plus d'inquiétude aux propriétaires de chien.
En général, le chien est gêné par le sang qui sort de ses narines : il éternue en éparpillant des gouttes rouges tout autour de lui. Le saignement du nez peut survenir après un empoisonnement ou quand des corps étrangers minuscules se sont introduits dans le nez du chien : ils endommagent alors un vaisseau, ce qui provoque une forte irritation qui pousse le chien à éternuer avec violence.
Vous devez essayer d'arrêter le sang avec des compresses de glace et vous rendre chez le vétérinaire.

Les brûlures

Les brûlures du chien ne sont pas très fréquentes, parce que son instinct le tient éloigné du feu. Cependant, il peut être brûlé indirectement en recevant sur le dos de l'eau bouillante provenant d'une casserole, ou bien certaines substances chimiques.
En cas de brûlure due à la chaleur, la première intervention consiste à refroidir avec beaucoup d'eau la

partie touchée, pour atténuer la brûlure et enlever la substance irritante. Il faut ensuite préparer des compresses froides qu'il faut maintenir sur la partie brûlée pour réduire la vasodilatation. Couvrez la brûlure et rendez-vous chez le vétérinaire : il pourra déterminer si le chien est en état de choc, comme cela se produit parfois quand une grande partie du corps est brûlée.

L'engourdissement dû au froid

Ce n'est pas un phénomène fréquent sous nos climats, mais cela peut se produire en montagne. Ce sont généralement les pattes et le bout des oreilles du chien qui sont touchés. Il faut transporter l'animal dans un endroit chaud et le couvrir pour que sa température remonte. Vous pouvez masser délicatement les parties de son corps qui sont engourdies et essayer de les réchauffer avec du tissu tiède ou des sachets d'eau chaude. La circulation du sang reprend quand la peau du chien redevient rose.

L'étouffement

Il faut intervenir rapidement devant ce type de situation. Le chien essaie toujours d'ôter l'objet étranger qui l'étouffe. Maintenez-lui la bouche ouverte, abaissez sa langue et regardez au fond de sa gorge pour tenter de voir l'objet étranger et de l'extraire. Pour éviter que le chien ne vous morde, placez délicatement un bout de ses lèvres entre ses dents afin qu'il ne puisse pas refermer ses mâchoires. Si vous ne voyez rien dans sa gorge, soulevez le chien par les pattes arrière et secouez-le pour faire ressortir l'objet étranger; s'il est trop lourd, vous pouvez lui donner des coups, secs mais pas trop violents, sur le thorax : l'air ainsi expulsé risque de déplacer l'objet occlusif.

Crises de convulsion et d'excitation

En général, la première crise convulsive effraie le propriétaire d'un chien, surtout si elle est particulièrement forte. Dans de telles circonstances, essayez de maintenir votre chien dans un endroit dépourvu d'angles saillants, afin qu'il ne se blesse pas pendant sa phase de convulsion ou d'excitation. Une fois que la crise est passée, laissez l'animal tranquille dans une pièce faiblement éclairée, jusqu'à ce qu'il ait complètement repris ses esprits. Recouvrez-le d'une couverture. Quand la crise est totalement terminée (elle ne dure en général que quelques minutes), emmenez-le chez le vétérinaire.

Comment administrer les médicaments ?

Un chien malade est malheureusement irritable et il n'est pas toujours disposé à prendre ses médicaments de bonne grâce.
Il faut employer la ruse quand on administre les médicaments pour la première fois, puis se montrer ferme les fois suivantes.
Les médicaments par voie buccale sont de plusieurs types, mais, pour simplifier, nous pouvons les diviser en comprimés, capsules, dragées et préparations liquides. En ce qui concerne les substances du premier type, on peut essayer de les administrer avec la nourriture, en les dissimulant dans un aliment que le chien apprécie particulièrement (fromage, pain). S'il s'agit de poudre ou de comprimés émiettés, on peut essayer de les mélanger dans un peu de viande ; il ne faut donner au chien le reste de sa ration qu'après s'être assuré qu'il a entièrement terminé sa première portion. Il y a toutefois des cas où le médicament ne peut pas être mélangé à un aliment, soit parce qu'il perdrait de son efficacité, soit parce que son goût est tellement fort que le chien s'apercevrait de sa présence et refuserait de le manger. Il faut alors ouvrir la bouche du chien, y introduire profondément le comprimé, lui maintenir la tête vers le haut et lui masser la gorge pour stimuler sa déglutition. Assurez-vous que le chien a bien avalé le médicament parce qu'il arrive qu'il garde le comprimé dans un coin de sa bouche et qu'il le recrache dès que vous avez le dos tourné.
Les médicaments liquides peuvent être administrés au chien avec une seringue sans aiguille, munie d'une pipette en caoutchouc ou d'un compte-gouttes. Pour cela, maintenez la tête du chien soulevée, insérez la seringue dans un coin de sa bouche, entre ses lèvres, puis faites couler lentement le liquide pour qu'il puisse déglutir. N'administrez jamais de médicaments liquides au chien en lui maintenant la bouche ouverte, vous l'empêcheriez de déglutir et pourriez provoquer son étouffement.

Médicaments par voie parentérale

Ce type de médicament est administré par des injections sous-cutanées, musculaires ou intraveineuses. Il est conseillé aux propriétaires de chiens d'apprendre à effectuer les injections sous-cutanées pour exécuter les soins dictés par le vétérinaire. Il faut toujours utiliser des seringues jetables ou stérilisées. Pour pratiquer l'injection, on soulève un pli de peau le long du dos, entre le cou et le flanc, on le désinfecte en soulevant le poil et on introduit la pointe de l'aiguille le long de l'épine dorsale du chien. On injecte ensuite le médicament. Si le produit est irritant, il faut que quelqu'un vous aide en tenant le chien.

Médicaments pour les otites

Soulevez la pointe de l'oreille et introduisez le compte-gouttes dans le conduit auriculaire. Laissez couler les gouttes, puis massez la partie inférieure de l'oreille, pour que le produit se répartisse uniformément. Bloquez la tête du chien pendant quelques minutes pour qu'il ne puisse pas la secouer et se débarrasser du médicament qui l'irrite.

Médicaments pour les yeux

Soulevez la tête du chien et laissez couler les gouttes du collyre sur la cornée. Si vous devez appliquer une pommade, abaissez la paupière inférieure du chien et étalez un peu de produit sur la face interne. Laissez l'œil se refermer et massez-le pour répartir la pommade uniformément. Enlevez la pommade restée à l'extérieur de l'œil avec un mouchoir.

Les suppositoires

L'utilisation de suppositoires pour chiens n'est pas très fréquente, mais cette intervention peut s'avérer nécessaire en cas de douleur aiguë. Il faut humidifier le suppositoire avec de l'eau, soulever la queue du chien et introduire le produit avec délicatesse, lentement et sans forcer. Le suppositoire doit être enfoncé profondément et vous pouvez même vous aider pour cela d'un peu de coton. Il faut ensuite maintenir la queue du chien abaissée pendant quelques minutes pour éviter qu'il ne rejette immédiatement ce produit.

EN CAS D'URGENCE

- *Désinfectants : eau oxygénée, teinture d'iode, éosine.*
- *Solutions et désinfectants légers : sérum physiologique, acide borique.*
- *Astringents et antibiotiques intestinaux.*
- *Laxatifs : huile de vaseline.*
- *Antiémétiques.*
- *Un antibiotique de secours conseillé par le vétérinaire.*
- *Des compresses de gaze, du sparadrap, des bandelettes de gaze pour faire des bandages.*
- *Le numéro de téléphone de votre vétérinaire habituel.*

Les expositions

Il s'agit de manifestations au cours desquelles les chiens, divisés par classe d'âge, de sexe et éventuellement de titres, concourent devant un juge qui étudie leur morphologie. Le chien est qualifié et jugé de façon détaillée sur ses qualités et ses défauts. Le juge exprime également une évaluation complète en effectuant un classement entre tous les chiens présents.
Par exemple, deux sujets jugés comme Excellents peuvent être classés respectivement premier et deuxième. L'un des deux peut être jugé Meilleur chien de race, tandis que l'autre peut être Excellent dans une autre catégorie.
La qualification et le classement obtenus par rapport aux autres sujets permettent aux chiens de remporter des titres, dont la valeur dépend naturellement du type d'exposition, du nombre de participants, etc.
Le jugement repose sur les caractéristiques typiques qui sont reportées dans le détail dans le standard officiel de la race.

La préparation

Si vous n'avez jamais assisté à une exposition canine, il serait intéressant que vous alliez en voir quelques-unes avant de présenter votre chien. Vous verrez ainsi comment se déroule une exposition, comment se déplacer sur un ring, quelles sont les diffé-

rentes phases du jugement et comment se comporter avec son chien.
Vous pouvez ensuite commencer à instruire votre jeune protégé, en vous entraînant chez vous.
Votre chien doit savoir marcher en laisse et rester ferme sur ses pattes, mais également être habitué à être touché par un juge : en effet, celui-ci voudra évaluer son ossature, l'inclinaison de ses rayons osseux, la consistance de sa robe ou la position de sa queue. Il faut également que votre Golden soit habitué à se faire ouvrir la bouche pour montrer sa dentition.
En général, il n'y a pas de problèmes particuliers avec les Golden, parce qu'ils ne craignent pas les personnes étrangères et ne sont

LE RETRIEVER CLUB DE FRANCE

Le Retriever Club de France est une association officiellement reconnue par la SCC.
Comme toutes les sociétés canines, celle-ci est chargée de défendre et de diffuser la race des retrievers.
Le Club du Retriever représente cinq races différentes de retrievers :
– le Labrador ;
– le Golden Retriever ;
– le Flat-Coated Retriever ;
– le Curly-Coated Retriever ;
– le Chesapeake Bay Retriever.
L'activité du Retriever Club de France consiste à fournir des informations à ses adhérents sous forme de revues et de communications postales et également à organiser des épreuves pour les chiens.
Toutes ces manifestations favorisent en outre les rencontres entre les différents propriétaires de retrievers.

Si vous achetez un Golden, je vous conseille d'adhérer à ce club et de participer à ses activités.

L'adresse du Retriever Club de France est la suivante :
Président : M. Charles de Ganay
243, Boulevard Saint-Germain
75007 Paris

Secrétaire : M. Bernard Ramade
2916, route de Narbonne
38950 Saint-Martin-le-Vinoux

LES JUGEMENTS

Les expositions officielles distribuent les jugements suivants :

- ***Excellent.*** *C'est le meilleur qualificatif qui est attribué aux sujets qui se rapprochent le plus possible du standard idéal de la race. Ils sont en parfaite condition et forment un ensemble harmonieux et équilibré. L'allure de ces chiens doit être « brillante », il doivent dégager une certaine classe et – ce qui est très important – il faut qu'ils possèdent les caractéristiques de leur sexe.*
- ***Très bon.*** *Ce qualificatif est attribué aux chiens parfaitement typés, en bonne condition physique et dans l'ensemble bien proportionnés et sans défauts morphologiques évidents. Ce jugement ne peut évidemment récompenser qu'un chien de qualité.*
- ***Bon.*** *Ce jugement est attribué aux chiens qui possèdent les caractéristiques de la race à laquelle ils appartiennent, mais qui présentent des défauts évidents.*
- ***Assez bon.*** *Qualificatif attribué aux chiens qui ne sont pas suffisamment typiques, présentant de graves défauts ou une assez mauvaise condition physique.*

Rassemblement de retrievers en Italie. De gauche à droite, les mâles de la classe Champion : Amirene Intrepid, Urak du Riondaz, Lawnwood's Basil Brush, Summit Royal Crest Dexas Gold et Kapplandet's Glen Grant (photo C. Selberg)

Certaines phases du jugement :
1. Chien « placé »

2. Déplacement circulaire

3. *Déplacement en ligne droite*

4. *Jugement « rapproché » (photo L. Ginoulhiac)*

Annie Ma Starlette (issue d'Atena et de Kapplandet's Glen Grant) pendant son entraînement aux expositions. Le chien reste immobile et bien campé sur ses quatre pattes. Prod. Rumi (photo C. Selberg)

pas agressifs. Ce qui peut se produire, c'est de voir un jeune chien s'asseoir ou même s'allonger le ventre en l'air devant le juge.
Ce type de dressage doit être apprécié par le chien et toujours suivre une progression. Il faut qu'il se présente sous forme de jeu et qu'il soit entrecoupé de récompenses, c'est-à-dire de friandises.
La séance de dressage ne doit pas dépasser quelques minutes par jour car il faut toujours éviter d'obliger son chien à rester immobile trop longtemps.

La présentation

Le Golden Retriever doit être présenté avec une laisse souple et assez fine, en fonction de ses capacités.
Ainsi, si votre chien est habitué à marcher au pied sans tirer, il suffirait en théorie qu'il soit tenu par un fil de laine pour qu'il conserve sa grande liberté de mouvement.
Si, au contraire, le comportement de votre chien, notamment s'il s'agit d'un chiot, n'est pas encore parfait, il est préférable que vous

Sujet magnifique parfaitement présenté. Ch. Skymaster of Jamescroft. Propr. et photo James

Un jeune « couple » parfaitement assorti : Nicole, dix ans, avec Panna, dix mois. Prod. L. Ginoulhiac (photo M. Arizzi)

vous munissiez d'une laisse d'un calibre supérieur.

Une laisse d'exposition est constituée d'une cordelette qui se termine par un anneau formant une anse, qui se serre autour du cou du chien. Ainsi, l'animal n'a pas de collier qui lui comprime les poils autour du cou, mais simplement un cordon fin qui peut facilement se dénouer devant le juge.

La présentation consiste à alterner les phases de mouvement et les phases de « placement ». En général, le jugement est d'abord collectif, puis individuel. Durant ces

LES CLASSES

• ***Classe Champion de Beauté.*** *Elle est réservée exclusivement aux chiens déclarés Champions de Beauté nationaux des pays membres de la FCI et Champions internationaux de la FCI (préciser la date d'homologation), âgés de quinze mois au jour de l'ouverture de l'exposition. Cette classe donne droit à l'attribution du CACIB (Certificat d'aptitude au championnat international de Beauté) dans les expositions internationales en concurrence avec la classe ouverte et la classe de travail.*

• ***Classe ouverte.*** *Ouverte à tous les chiens ayant atteint l'âge minimal de quinze mois au jour de l'ouverture de l'exposition. Cette classe donne toujours droit à l'attribution du CACS (Certificat d'aptitude au championnat de standard) en concurrence avec la classe de Travail, ainsi qu'à l'attribution du CACIB en concurrence avec la classe de Champion.*

• ***Classe de Travail.*** *Classe réservée aux chiens ayant atteint l'âge de quinze mois au jour de l'ouverture de l'exposition et titulaires d'un carnet de Travail mentionnant les récompenses obtenues. Cette classe donne droit à l'attribution du CACS en concurrence avec la classe ouverte, ainsi qu'à l'attribution du CACIB en concurrence avec la classe ouverte et la classe de Champion.*

• ***Classe débutants.*** *Pour les chiens âgés de neuf mois à l'âge minimum requis pour la classe Jeunes. Cette classe ne donne pas droit à l'attribution d'un qualificatif ; le juge formule simplement une appréciation sur le chien (par ordre décroissant : très prometteur, prometteur, assez prometteur). Elle ne donne lieu ni à un classement ni à une remise de coupe.*

• ***Classe Jeunes.*** *Pour tous les chiens répondant aux limites d'âge requises (comptées au jour de l'ouverture de l'exposition). Cette classe donne droit à l'attribution du qualificatif Excellent, mais ni au CACS ni au CACIB.*

L'engagement simultané d'un chien dans plusieurs classes est interdit. Outre les classes individuelles, un chien peut concourir dans les catégories suivantes :

• ***Lots d'élevage.*** *Pour cinq chiens de même race et variété, sans distinction de sexe, déjà engagés dans une classe individuelle, nés chez le même producteur, mais pouvant appartenir à des exposants différents.*

• ***Meutes.*** *Pour six chiens minimum, de même race, sans distinction de sexe et appartenant au même propriétaire, dont trois peuvent être engagés dans une classe individuelle.*

Une bonne préparation est nécessaire pour présenter correctement un Golden. Seul un éleveur expérimenté peut tirer le maximum d'un chien. Beau sujet de l'élevage Chiaroscuro (photo L. Ginoulhiac)

deux phases, il faut que votre chien soit présenté le mieux possible.

En ce qui concerne son mouvement, le chien doit être tenu avec une laisse qui soit la plus desserrée possible, sur le côté gauche du conducteur ; il doit accomplir, selon la demande du juge, des mouvements circulaires ou bien en ligne droite. Les chiens sont jugés au petit trot et il est donc nécessaire que le conducteur coure aussi. L'allure ne doit être ni trop rapide, car le chien se mettrait à galoper, ni trop lente, mais vive et souple. La présentation du chien à l'arrêt peut être effectuée de deux façons différentes, en fonction de l'habitude du conducteur et des capacités du chien.

La pose la plus naturelle et qui produit le meilleur effet, consiste à « placer » le chien la queue droite et la tête haute, les quatre mem-

Nicole et Panna très attentives aux indications du juge (photo M. Arizzi)

bres parfaitement d'aplomb. Toutefois, les sujets qui ne sont pas habitués à cette position, qui nécessite de nombreuses heures de préparation, peuvent être placés et maintenus par leur conducteur, de façon à apparaître le mieux possible. Pour obtenir cette position, il faut avant tout que les deux pattes antérieures de l'animal soient placées en aplomb sous son thorax et soient parallèles entre elles. Deuxièmement, les pattes postérieures doivent être bien détendues pour qu'elles ne soient pas trop « sous le chien ». Enfin, après avoir ordonné au chien de rester tranquille, il faut détendre sa queue et la maintenir parallèle à la ligne dorsale, tout en maintenant sa tête levée. On peut également offrir des biscuits au chien pour qu'il lève sa tête vers la main de son conducteur, mais il faut s'assurer que le sujet reste toujours sous contrôle.
En effet, il arrive souvent qu'un chiot, habitué à adopter la position « assis » pour obtenir une friandise, abaisse son postérieur à la vue du biscuit.

L'auteur et Maple devant le juge. Quel que soit le résultat, notre chienne sera toujours la meilleure à nos yeux (photo F. Cozzi)

Le jour de l'exposition

Comme nous l'avons déjà dit, il ne faut pas se préparer au dernier moment. En effet, le toilettage d'un chien d'exposition doit être une opération de routine qui nécessite tout au plus quelques retouches de dernière minute.

Arrivez en avance à l'exposition pour que votre chien ait le temps de se défouler et de faire ses besoins.

Entrez ensuite dans le lieu d'exposition et cherchez le ring des chiens de rapport. S'il s'agit d'un rassemblement exclusif de retrievers, dirigez-vous au contraire vers le ring réservé aux Golden.

Si vous n'avez pas emporté votre panier, utilisez un de ceux qui sont fournis par l'organisation, afin de pouvoir y laisser votre chien avec son bol d'eau et éventuellement un peu de nourriture.

Si votre chien ne fait pas partie des classes qui passent en premier, profitez du spectacle en essayant de repérer quels sont les critères qui sont retenus par le juge qui examine les chiens. Quelques minutes avant d'être appelé, faites sortir votre chien pour qu'il puisse marcher quelques instants. Donnez-lui ensuite un dernier coup de brosse puis effectuez un petit essai de présentation à l'écart. Enfin, attendez que votre classe soit appelée pour entrer sur le ring et placez-vous selon les indications que vous fournira le commissaire.

Sur le ring

Concentrez-vous sur le juge et écoutez attentivement ce qu'il dit. Evitez de parler avec d'autres personnes placées au bord du ring et contentez-vous, éventuellement, de communiquer à voix basse avec votre chien. Observez les autres conducteurs qui passent avant vous et essayez d'imiter ceux qui vous semblent les plus expérimentés. Rappelez-vous toujours que le résultat obtenu par votre protégé dépend également de vous, mais ne vous découragez pas si, les premières fois, il n'est pas à la hauteur de vos espérances. Il faut parfois des années de pratique régulière pour apprendre à conduire un chien et parvenir à vaincre l'émotion que l'on ressent sur un ring.

Finalement, la chose la plus importante est de se montrer beau joueur avec les autres concurrents, d'accepter sans protester l'évaluation du juge et surtout de ne jamais se montrer mécontent de son chien.

Il fait toujours de son mieux pour vous satisfaire et il serait donc injuste de le punir en lui faisant sentir que vous êtes déçu par son comportement.

Quel que soit le résultat qu'il obtient, votre chien sera toujours votre meilleur ami.

Index analytique

Achevé d'imprimer en janvier 2001
à Sant Adrià de Besòs (Barcelone), Espagne,
sur les presses de Bigsa

Dépôt légal : janvier 2001
Numéro d'éditeur : 6762